本书英文版作者 Nicola H.Karam

本书经著作权人授权翻译出版，由厦门大学出版社独家出版发行。

外国民法典译丛

WAIGUOMINFADIANYICONG

徐国栋　主编

埃及民法典

根据1948年英文版翻译

黄文煌　译　蒋军洲　校

厦门大学出版社

XIAMEN UNIVERSITY PRESS

民法典译丛总序

　　"民法典译丛"是厦门大学法学院罗马法研究所与其他高校的学者进行广泛合作的成果,其目的在于为我国民法典的制定提供广泛的参考资料。

　　民法典是一个国家的百年大计,只有经过充分的理论准备,才能经得起上百年时间的考验。我国正处在制定民法典的前夜,全国人大的主要负责人计划在近几年内、民法理论界的执牛耳者打算在 2010 年内,完成中国民法典的制定,但尽管立法部门充分理解、理论界高度重视这一事业,由于长期的民法文化断层带来的缺憾,制定中国民法典的资料准备和理论准备仍嫌薄弱,亟须加强。由于民法的法典编纂在很大程度上是一种罗马法现象,作为一个专业性的罗马法研究机构,为制定一部如此重要的立法文件提供资料准备和理论准备,实属份内的工作,为此,我们注重"藏"、"译"、"研究"外国民法典,并以私人的方式"编纂"中国民法典草案。

　　所谓"藏",指力争收集齐全世界各国的民商法典。在合同法的起草过程中,我痛感连许多著名法典也极难到手利用,认识到"藏"的工作虽简单,但极必要。由于我国理论化的民商法研究起步较晚,而国外许多国家较早就有了民商法典以及成熟的民商法理论,在强调中国的法律和经济要与国际上的相应秩序接轨的前提下,更有必要借鉴国外的成熟经验。收藏外国的民商法典,是对它们代表的法律经验进行借鉴的必要准备步骤。为此,本所收集

了50部外国民商法典。欧洲、拉丁美洲的民商法典,除少数不具典型意义的外,已经无遗;其他大洲的具有典型意义的民商法典,亦已尽备。令人自豪的是,在外国民商法典的收藏上,厦门大学罗马法研究所在全国居于前列,已成为中国最好的外国民商法典中心。

所谓"译",指对收藏的外文形式的民商法典进行翻译,俾能为广大读者直接利用。由于本所人力有限,我们与其他高校进行了广泛的合作,诸外国民法典的译者有的在长江之滨,有的在大漠之北,有的身处岭南荔枝之乡,有的舌耕京华弦歌之地,颇似当年各路大军会战原子弹。今天,我们为了比原子弹更重要的民法典,又协作在一起。

所谓"研究",是在上述资料工作的基础上,推动研究外国著名民法典的专著的诞生,以提高我国的民法理论研究水平,直接为我国立法服务。

所谓"编纂",即根据上述三方面之工作的成果编订中国自己的民法典草案。如果说上述三项任务的目标在于外国民商法典的获得、传播、掌握,那么,此项任务,则以中国现有民商立法的整理为目标。为此,我们正在牵头起草《中国民法典草案建议稿》,希望以此举带动其他高校也起草自己的民法典草案建议稿,集思广益,加快中国民法典的制定进度。

现在,我们把"译"的工作成果奉献给公众,它主要分为"亚洲"、"非洲"、"美洲"和"欧洲"4个系列。《越南民法典》是周边国家系列的第一本,以后还会有《蒙古国民法典》、《泰国民法典》、《韩国民法典》、《菲律宾民法典》等相继。设立这个系列的主要目的,是加强对我们的邻国之法律的了解,有利于人民的交往和贸易;美洲系列将以拉丁美洲国家的三大典型民法典为主干,它们是《智利民法典》、《阿根廷民法典》和《巴西民法典》,其他拉美国家的民法典都或多或少与它们雷同。当然,新近的《魁北克民法典》和《秘鲁

民法典》也会被我们考虑为工作对象。欧洲国家的民法典，除了《荷兰民法典》、《西班牙民法典》和《葡萄牙民法典》外，大都已被译成了中文，对此我们只能做拾遗补缺的工作。另外，我们还会组织对非洲国家的重要民法典进行翻译，如《阿尔及利亚民法典》和《埃塞俄比亚民法典》，以扩展我们民族的法律视野。

民法典是一个民族之生活的镜子，是一个民族文化之精华的表现，它凝聚了一个民族的价值观和生活经验，区分了公域与私域的范围。欲了解一个民族的生活样态，看一下它的民法典就够了。无怪乎《意大利民法典》被译成中文后，意大利驻华使馆的工作人员有点伤感地说："你们把我们最好的东西都拿走了。"如果把这个世界看作是一个由国家组成的市民社会，各个民族都是这个社会的成员，人的生活方式的普遍性决定了民法典的普遍性，因此，各个民法典又是比较类似的，可以跨文化地移植或借鉴的万民法的成分居多。他山之石，可以攻玉，对于我国民法典的制定者来说，可以参考的外国民法典是愈多愈好，从根本上说，本丛书主要是为制定我国民法典服务的。如果可以提得更高一些，我们可以说，翻译外国民法典是一项文化基本建设工作；它除了能满足立法、司法和学术研究的需要外，还可以满足通商的需要，因为在与一个国家进行贸易之前，了解其民商法是必不可少的。

让我们的"民法典译丛"能够像狄得罗的《百科全书》和格林兄弟的《德语词典》一样，成为一项伟大的事业！

徐国栋
2007 年 9 月 19 日重写于胡里山古炮台之侧

目　录

目录

第二编 物 权

第三分编 主物权

目
录

《埃及民法典》绪言

徐国栋

一、欧洲—亚非文明冲突大背景中的 1948 年《埃及民法典》

埃及是一个非洲古国,该国的民法典制定从属于亚非文明与欧洲文明冲突的大背景,代表了诸种冲突解决方案中的一种。

非洲凡 50 余国,亚洲凡 40 余国,总共近 100 个国家,构成世界现有 190 多个国家之总数的多数。它们中除少数——埃及即为其中之一——自古就与西方国家有联系外,都是自 15—16 世纪的地理大发现(尤其是麦哲伦实现环球航行后)时代后为西方国家正式认知、接触,由此产生了基督教的欧洲文明与原则上为非基督教的亚非文明之间的冲突——此处"原则上"的限制语的使用出于尊重非洲的埃及和埃塞俄比亚是一个古老的基督教国家的现实。冲突的格局可以这样形容:具有优势的物质文明和制度文明的欧洲人来到亚非国家后,发现这里的人民有各种各样的毛病,例如专制、重刑、腐败、不注重对私有财产和交易的保护,等等,一句话,犹如一个个病人,令人讨厌,但为了贸易和全球战略的需要又不得不同它们打交道。于是,强势的欧洲人(我把他们的美洲后裔也包括在这一范畴内)向它们提出一个矫正计划:如果你们改悔,你们必被纳入我们的共同体。"改悔"就是采用西方式的政治法律制度。但在完成这种"改悔"前,我们对于自己的人只能适用我们自己的法律制度。这就是所谓的领事裁判权体制或治外法权体制。

被提出"改悔"要求的亚非国家许多是文明古国,在遭到西方入侵前拥有另种形式的高度的物质文明和制度文明,因而自我感

觉相当不错。揽镜自照,每每自喜焉。但欧洲人带来了一面别样的镜子,它们在其上的形象变成了魔怪,这带给亚非人强烈的心理冲击并导致他们作出对抗行动,于是,一系列的武装冲突爆发了,它们以欧洲人的胜利告终。军事上的失败打掉了亚非人古老的优越感,他们不得不接受欧洲人镜子中自己的形象,进而接受欧洲人的矫正计划。在作为一个国家法律脊梁骨的民法方面,接受的方式有二:其一,形式上的接受,其代表是奥斯曼帝国于 1869—1876年编成的《玛雅拉》,它是按西方的法典法的形式整理穆斯林的哈乃菲派的民事交易法的规则。这种方式的接受的失败可由作为奥斯曼帝国的继承人的土耳其共和国对它的放弃所证明。其二,实质上的接受。这种方式又可细分为两个子类。第一类是全盘西化。这一子类又分为两个亚子类。一为主动的全盘西化,它或体现为土耳其共和国的直接采用欧洲法典,或体现为埃塞俄比亚的直接请欧洲人起草自己的法典;二为被动的全盘西化,它或体现为西班牙殖民者对菲律宾、荷兰殖民者对印度尼西亚课加自己的民法典,或体现为法国殖民者为越南、柬埔寨、老挝专门制定民法典,前苏联为其亚洲加盟共和国制定民法典,英国为印度制定包括《合同法》在内的诸成文法。第二类是"和魂洋才",即把外来的西方法与自己的固有法律传统结合起来并以后者为重的途径,日本采之,埃及亦采之。1948 年《埃及民法典》即为融合伊斯兰的沙里亚法和以法国法为主体的西方诸国法的产物。

在欧洲文明与亚非文明冲突的大背景下产生的民法典是危机应对型的,它们都直接或间接地是欧洲人的矫正计划的产物,服务于废除领事裁判权的目标。在亚洲,属于此类的有《日本民法典》、《泰国民商法典》、《中华民国民法典》等。在非洲,属于此类的有作为本文研究对象的《埃及民法典》。

无论"矫正"的过程有多么痛苦,接受"矫正"的方式如何多元,"矫正"的结果却说不上不甜美。欧洲人没有食言,由于中规中矩

的民法典以及其他法典的制定,亚洲的日本、泰国等废除了西方国家曾在自己国家存在的领事裁判权,非洲的埃及通过另外的途径也实现了这一目标。世界的法律地图由此大大简化,我们可以将之简化为以大陆法系和英美法系为主干,辅之以其他小法系的图景,一句话,通过这一痛苦的过程,形成了法律方面的全球化的图景。一些好的东西都是在痛苦中诞生的,正如婴儿是在母亲的痛苦中诞生的。

一些生理学家告诉我们,造物主在母亲身上安排了一种奇妙的机制,让她忘却生产的痛苦而热爱婴孩;另一些生理学家告诉我们,生产的痛苦不能被母亲忘记,但它会成为母亲更加热爱婴孩的原因。我不想探讨这两种医学理论的是非,我关心它们共同的结论都是母亲热爱婴孩。这就够了!不过为了理性的缘故,我更喜欢第二种理论:如果说所谓的殖民主义是孕育亚非国家的民法典的痛苦的过程,且让我们把它设定为好的结果之值得忍受的"丑"的原因,更重要的是,我们要爱那个婴孩——在剧烈的文明冲突中产生的这样的或那样的民法典![①]

二、埃及:一个屡受外国法洗刷的国度

埃及是一个屡受外国法洗刷的国度。它曾有自己的固有法,但后来不断受到外国法的洗刷,它们有希腊法、罗马法、伊斯兰法、法国法、英国法等。饶有兴味的是,一些外来法后来成为埃及的固有法与晚来的外来法形成对抗,形成外来法互相打架的奇观。

作为世界上的四大文明古国之一,埃及有自己的固有法。公

---

① 在这方面,委内瑞拉总统查韦斯做得挺好。一方面,他把哥伦布"发现"美洲的日子(1492 年 10 月 12 日)定为"土著人民抵抗日"。另一方面,他只字不提废除现有的《委内瑞拉民法典》的事情。危地马拉、墨西哥也是如此。关于把"哥伦布日"改成"土著人民抵抗日"等名称的事情,参见《厦门日报》2007 年 10 月 14 日第 10 版。

元前 4000 年左右,形成了上下埃及国,埃及进入了法老时代,它有自己的法律,构成埃及法系,按约翰·威格摩尔的说法,其先进程度与埃及建筑方面的成就——我们平常以为是希腊式的柱廊式建筑实际上是埃及人发明[1],希腊人发扬,全世界接受的——不相伯仲。在这一时期,作为非洲国家的埃及在文化上并不处于劣势,而是处于优势地位。但在埃及法系中,司法与行政不分。在罗马古法中也是如此,我们法律人习惯于把拉丁文中的"Praetor"翻译成"裁判官",此种译法给人罗马法系中很早就实现了行政与司法的分离的印象,但世界古代史学界把该词翻译为"行政长官",该译法更反映了 Praetor 既要做司法,也要做行政的历史现实。[2] 惜乎没有什么埃及法系的条文流传下来,但它们肯定存在,因为有法庭的桌上摆着 40 卷的法典(另一报道是有 8 本法律全书)的报道,而且还有关于最早的埃及的神格的和人格的立法者的报道,前者为透特,他是德乌塔地区的一个地方神,书写的发明者,其立法活动在公元前 4240 年以前;后者是美尼斯,他生活在公元前 3200 年左右,是北部埃及的统治者,后来统一了上下埃及,并把透特的法律推广到整个埃及人民。[3] 尽管埃及法律文件已然无存,但私人的法律文书例如遗嘱、婚姻契约等等则存者甚多,它们表现出古埃及法律的一个重要特征:女子在所有法律关系中与男子处在平等地位。[4] 理解了这一点,我们就不会为托勒密王朝有许多女王感到奇怪了。

---

[1] 参见令狐若明:《古埃及的建筑形式及其对后世的影响》,载《史学集刊》2000 年第 2 期。

[2] 关于世界古代史学界对 Praetor 一词的译法,例见陈可风:《罗马共和宪政研究》,法律出版社 2004 年版,第 70 页。

[3] 参见[美]约翰·威格摩尔著:《世界法系概览》(上),何勤华、李秀清、郭光东等译,上海人民出版社 2004 年版,第 3 页及以次,尤其是第 21 页。

[4] 参见[美]约翰·威格摩尔著:《世界法系概览》(上),何勤华、李秀清、郭光东等译,上海人民出版社 2004 年版,第 15 页及以次。

　　第一波入侵埃及的外来法似乎是希腊法,因为在此之前的亚述人和波斯人的入侵似乎没有在法律上留下什么痕迹。马其顿的亚历山大(公元前356—前323年)是埃及的入侵者之一,他于公元前332年征服了埃及,至此,古埃及的历史终结,作为希腊化地区的埃及的历史开始。亚历山大在埃及建立了以他的名字命名的重要港市亚历山大,并尊奉埃及人信仰的太阳神阿蒙,他的这些行为促进了埃及与希腊文明的接触和融合。在他率军征服其他地方之际,他把自己的部将托勒密·索特尔(约公元前367—前283年)留驻埃及当总督。亚历山大死后,托勒密成为埃及的实际统治者。后与亚历山大的其他部将互相混战,最终领有埃及。公元前305年,托勒密正式称王,成为持续275年的托勒密王朝的开创者。在托勒密王朝时期,希腊人占据上层统治职位,土著埃及人占据下层统治职位。在埃及形成了若干希腊式的城邦。在这些城邦中,市民选举自己的市长和法官,有权制定自己的法律和修改城市法制。[①] 法律制度是二元制的:希腊人的城市法和埃及人的土著民族法,前者居于支配地位,后者不得与之抵触。[②] 这是在埃及发生的第一次本土法与外来法的冲突,为后世埃及人再次遭遇西方法的入侵埋下了伏笔。基于此,我把埃及称为自古就与西方国家有联系的亚非国家。事实上,此时的埃及在文化上属于西方世界,是希腊化世界中的强国和地中海世界的贸易中心。埃及成为罗马的粮仓。

　　第二波入侵埃及的外来法是罗马法。从托勒密四世(公元前221—前203年)开始,埃及走向衰落。与之基本同时的是通过第一次布匿战争(公元前264—前241年)取得地中海霸权的罗马的

---

　　① 参见何芳川、宁骚主编:《非洲通史》(古代卷),华东师范大学出版社1995年版,第62页及以次,第124页。

　　② 参见王军:《托勒密王朝在经济上对埃及历史所起的作用》,吉林大学2004年硕士学位论文,第8页。

兴起。到托勒密十二世(公元前 117—前 51 年,公元前 80—前 51
年在位)时期,埃及沦为罗马的被保护国。此公于公元前 58 年被
埃及人推翻,其大女儿贝勒尼基四世被拥戴为国王,托勒密十二世
不得不流亡罗马。他在庞培的军事支持下夺回了王位,并残酷地
处死了自己的女儿。至此,埃及已丧失了政治上的独立性。到克
娄巴特拉七世(公元前 69—前 30 年)时,埃及卷入罗马共和末期
的内战,成为罗马军队的战场,最终于公元前 30 年被首任皇帝奥
古斯都纳入罗马帝国的版图,成为奥古斯都的私有地而非罗马国
家的行省,因为埃及的支配者必须是神而不是人,所以元老院和罗
马人民(S. P. Q. R)不能成为这样的支配者。相反,奥古斯都是被
尊为神的恺撒的儿子,也是神子,能成为这样的统治者。① 尽管如
此,罗马法从此适用于埃及,留下了许多关于这种法的纸莎草文
献,其中罗马海军退伍兵盖尤斯·龙基努斯·卡斯托的遗嘱可作
为罗马的继承法完全适用于埃及的证据。② 但罗马法对埃及的统
治有过中断,因为在西罗马帝国衰落之际,斯堪的纳维亚来源的汪
达尔人于 439 年在埃及建立了汪达尔—阿兰王国,初期实行种族
隔离政策,罗马人和罗马化的非洲人被作为二等公民对待,③可以
想象这一日耳曼部族曾把自己的法律带到了埃及,但它们没有留
下什么烙印。534 年,优士丁尼收复了埃及,使之复归于东方的罗
马人——拜占庭人的统治下,继续适用拜占庭形式的罗马法。不
难看出,除了汪达尔人王国时期近 1 个世纪的中断,罗马法在埃及
适用了 500 余年,构成埃及法律传统中的顽强因子。

① 参见[日]盐野七生著:《罗马人的故事 V:恺撒时代(卢比孔之后)》,
黄红杏译,三民书局 1998 年版,第 448 页。
② 对于这一遗嘱的详细研究,参见徐国栋:《罗马私法要论——文本与
分析》,科学出版社 2007 年版,第 220 页及以次。
③ See Browning Robert, *Justinian and Theodora*, Praeger Publishers,
New York, Washington, 1971, p. 129.

第三波入侵埃及的外来法是伊斯兰法。639 年 12 月,阿拉伯人征服了埃及,使之改宗伊斯兰教,[①]相应地适用支配其信徒的哈乃菲派的沙里亚法。这是一次深刻的变革,体现在以下两方面:一方面,在埃及接受伊斯兰教前,其人民信仰具有一神教倾向的多神教,被尊崇的最高的国家神是太阳神阿蒙,它被认为掌管人生前的一切,国王是其儿子。4 世纪,基督教成为罗马帝国的国教,作为该帝国之一部分的埃及也受基督教支配,在这里形成了科普特教派。[②] 埃及伊斯兰教化以后,它由一个与西方文明具有同质性的国家变成了一个异质性的国家,使其后来有向西方学习的需要并与老师发生冲突。另一方面,伊斯兰法的入侵从 639 年持续至今,最为持久(达近 1400 年),而且它反客为主,成为埃及的固有法,以这种身份消灭先前入侵过的客法的影响并排斥后来的客法。

作为同样信仰伊斯兰教的人民,奥斯曼土耳其人于 1517 年征服了埃及,[③]统治这里达 300 多年。因此,埃及在 1914 年前,形式上是奥斯曼帝国的一部分,但从 1874 年起,享受特别的自治,取得司法独立,不适用奥斯曼帝国的《玛雅拉》[④]。这是埃及利用 18 世纪奥斯曼帝国衰落,尤其在俄土战争(1853—1856)后的衰落争取得来的。

第四波入侵埃及的外来法是法国法。1798 年 5 月,拿破仑远

---

① 参见金宜久:《伊斯兰教史》,中国社会科学出版社 1990 年版,第 306 页。

② 参见罗竹风主编:《中国大百科全书·宗教》,中国大百科全书出版社 1988 年版,第 7 页。

③ 参见金宜久:《伊斯兰教史》,中国社会科学出版社 1990 年版,第 287 页。

④ Cfr. Francesco Castro, *Saria e diritto romano nella codificazione dei paesi Arabi*, Istituto per l'oriente C. A. Nallino, Roma, 1991, p. 43. 关于《玛雅拉》的制定过程和内容,参见徐国栋:《比较法视野中的民法典编纂》(一),北京大学出版社 2007 年版,第 305 页及以次。

征埃及,企图以此为跳板进攻英属印度。是年 7 月占领开罗,在此统治了 3 年,带来了法国法。3 年尽管短暂,但导致埃及从此受到法国文明的强烈影响,法语是埃及知识界和公共生活中运用的主导外语,大部分埃及人都受法语教育,这导致后来埃及借鉴的西方法,主要是法国法。①

第五波入侵埃及的外来法是英国法。1882 年,英国与奥斯曼帝国联军驱逐拿破仑,占领埃及,把这个国家变成自己的殖民地,尽管它名义上还是奥斯曼帝国的一部分。1914 年,英国取消奥斯曼帝国对埃及的宗主权,宣布它为自己的保护国,直到 1922 年承认埃及独立。明明暗暗,英国统治埃及长达 40 余年,期间,曾试图推行英印诸法典于埃及,②但未成功,具体的原因已有学者论述,③在我看来,英国统治的 40 年与罗马法统治的 500 年相比过短,是不可忽视的原因。

综上所述,埃及大致上先后经受了希腊法、罗马法、伊斯兰法、法国法、英国法等外来法的荡涤,它们古今不同,多数与现代西方法同质,这应该使近代埃及人接受西方法更加容易。它们中的有些如过眼烟云,速来速去;有些则扎下根来,演变为新固有法或具有亲和性的外来法。埃及人反复的外来法经验,或许会使他们减少对外来法的敌意,保持一种相对开放的胸怀。无论如何,在 19 世纪下半叶埃及制定自己的民法典时,这个古老国家的老固有法

---

① 参见金宜久:《伊斯兰教史》,中国社会科学出版社 1990 年版,第 474 页。

② Cfr. Francesco Castro, *Saria e diritto romano nella codificazione dei paesi Arabi*, Istituto per l'oriente C. A. Nallino, Roma, 1991, p. 114. 英印诸法典主要包括《合同法》、《公司法》、《离婚法》、《证据法》, See Gunther A. Weiss, The Enchantment of Codification in the Common-Law World, In *Journal of International Law*, Vol. 25, 2000, p. 485.

③ 参见蒋军洲:《伊斯兰埃及民法典西化的成功与失败》,载《河北法学》2008 年第 1 期。

已荡然无存,面临的是先入的外来法与后来的外来法的冲突问题。

三、改革、混合法院与新万民法

作为本文研究对象的 1948 年《埃及民法典》是第三波入侵埃及的伊斯兰法与后来次第入侵的西方法进行调和的产物,这种调和从属于名义上作为奥斯曼帝国一部分的阿里王朝的埃及在欧洲列强殖民主义的压力下进行改革的大背景。所以,《埃及民法典》的根是它诞生前 100 多年的阿里王朝实行的改革。从这个意义上也可以说,它是经过百年孕育的产儿。

阿里王朝的第一个改革者是穆罕默德·阿里(Muharomad' Ali,1769—1849),他也是这个王朝的建立者。他是阿尔巴尼亚人,从 1805 年起被奥斯曼帝国苏丹封为埃及总督,执政 43 年(1805—1848)。在位期间,他锐意改革,励精图治。倡导洋为己用,引进西方先进设备进行仿制,聘请外国技师培训本国技术力量。按照欧洲方式改组陆军,聘用西方军事专家训练新军;聘请外国专家讲课、派遣大批留学生去欧洲学习,由此培养和造就出埃及第一代新型的知识分子。他重视翻译出版事业,开办外语学校,培养翻译人员,组织力量把大批外国军事和科技书籍译成阿拉伯文和土耳其文。通过全面改革,他使埃及发生了前所未有的变化,因此被誉为"现代埃及之父"①。

第二个改革者是赛义德(1822—1863)。他是穆罕默德·阿里的儿子,曾在巴黎求学。阿里死后,由其孙子阿拔斯一世继位为埃及总督,他全面否定其祖父进行的改革,后被谋杀,赛义德继任之(1854 年)。他继续乃父的改革路线,支持开凿苏伊士运河。

第三个改革者是伊斯迈尔(Ismail,1830—1895)。他是阿里

---

① 参见佚名:《穆罕默德·阿里介绍》,载 http://www.lsxkc.cn/lsjy/ Article_Show. asp? ArticleID=1775,2007 年 10 月 8 日访问。

的孙子,早年留学法国,游历欧洲。1863年继任埃及总督,继续赛义德时期已开始的苏伊士运河开凿。采取全盘西化立场,提出过"脱非入欧"的口号,说:"我的国家不在非洲,我们现在是欧洲的一部分。"①1876年甚至组成欧洲人内阁,任命英国人威尔逊(Rivers Wilson)为财政大臣,法国人布里尼叶(Blignieres)侯爵为公共工程大臣。② 任命亲西方的亚美尼亚人努巴尔(Nubar)为首相。此公为基督徒,从小在法国和瑞典受教,主张法治,后来成为混合法院的首倡者。③

伊斯迈尔的"脱非入欧"口号与福泽谕吉(1835—1901)于1885年发表的《脱亚论》互相唱和,表达了非洲和亚洲两个当时的弱势国家的自强愿望,两个口号都预示着后来的土耳其国父凯马尔(1881—1938)在该国开启的脱亚入欧实践。尽管如此,伊斯迈尔的"脱非入欧"论没有成为埃及的实践,因为1948年《埃及民法典》是追求"欧非混合主义"的。伊斯迈尔的任用外国人当部长的做法预示着后世中国的全盘西化论者的"引进总理"的论调。

正是在阿里王朝的上述三位君主的对外开放、对内改革思想支撑下,在伊斯迈尔统治时期,埃及确立了作为孕育1948年民法典温床的混合法院制度。

什么是混合法院,说来话长,最简单的表达是:十几个不同国籍的外国人和埃及人共同组成的法院,审理涉及外国人和外国利益的案件(相同国籍的外国人之间的案件除外),只有经过该院认可,埃及才能通过涉及外国人的法律。最多时,混合法院有70名

---

① 参见夏新华:《论埃及混合法庭的历史地位》,载《西亚非洲》2004年第2期。

② 参见《世界历史词典》编辑委员会编:《世界历史词典》,上海辞书出版社1985年版,第244页。

③ 参见夏新华:《论埃及混合法庭的历史地位》,载《西亚非洲》2004年第2期。

法官(其中 2/3 是外国人),1400 个雇员,年产 4 万个书面法律意见。① 申言之,奥斯曼帝国于 1740 年在俄土战争中失败后被西方列强强加了领事裁判权,②由此,列强在埃及设立了 15 个领事法院,它们的所属国有美国、英国、法国、德国、俄国、意大利、挪威、瑞典、丹麦、荷兰、比利时、瑞士、西班牙、葡萄牙、奥地利等,这不仅有损埃及的司法主权,而且过于繁复。于是,努巴尔于 1867 年向西方国家建议设立由拥有领事裁判官的外国和埃及人共同参加的混合法院,这样,对埃及的司法主权的损害减少,繁复减轻。经过反复的折冲,混合法院终于于 1875 年 6 月 28 日成立。③ 故混合法院所混合者至少有二:其一,把 15 个领事法院混合成一个,由此,15 个法域要求同存异,形成一种与有关民族国家的法律不即不离、若即若离的超国家法,也可以说是超法系法,因为 15 个国家可以大别为属于大陆法系的和属于英美法系的;其二,把埃及法官和西洋法官混合为一个工作组,由此,要形成一种来源有所不同的超国家法,两种背景的人要形成一种"既不完全是你的,也不完全是我的"的新的工作方式。由于混合法院的这种混合性,它成为一个"比较法的实验室"④。由于混合法院具有吸收西方法律的性质,它又被称为"改革法院"。由于它的功能类似于古罗马的裁判官,我把其工作成果称为新万民法。说"类似",是因为它不是埃及人审理涉外案件的工作,而是外国人和埃及人审理此等案件的工具。

---

① See Edwin D. Dickinson, Review of Mixed Courts of Egypt, by J. Y. Brinton, *Mich. L. Rev.*, Vol. 29,1930,p. 398.

② 参见徐国栋:《比较法视野中的民法典编纂》(一),北京大学出版社 2007 年版,第 305 页。并参见吴云贵:《伊斯兰教法概略》,中国社会科学出版社 1993 年版。

③ 参见李慧娟:《近代中国与埃及混合法庭之比较》,湘潭大学 2005 硕士学位论文,第 13 页。

④ See Edwin D. Dickinson, Review of Mixed Courts of Egypt, by J. Y. Brinton,*Mich. L. Rev.*,Vol. 29,1930 ,p. 398.

混合法院需要相应的实体法和程序法。这一工作被委托给法国律师曼努里（M. Manoury）完成。此公曾担任国际委员会的秘书，接触过埃及计划的发展理想以及协约国对它的反应，对法国法和穆斯林法有较好的理解。[①] 他在两年内完成了民法典、商法典、民事诉讼法典、商事诉讼法典、刑法典和刑事诉讼法典的草案，在混合法院开始运作时投入使用。

《混合民法典》凡 774 条，包括一个序编和四个正编。序编是关于法的一般问题的规定。第一编，财产。包括：第一章，财产的各种类型；第二章，所有权；第三章，用益权；第四章，役权；第五章，取得所有权和他物权的方式。第二编，债。第三编，各种合同。第四编，债权人的权利。可以看出，这部民法典是纯粹的财产关系法，无任何关于人格关系和身份关系的规定。但即使作为财产法，它也很有特点，例如把合同与债分编规定的编制方法，在当时就是一种创新，这种创新在后世有许多的模仿者，晚近的《俄罗斯联邦民法典》和新《荷兰民法典》就在这一行列中。第四编专门规定债权人的权利，是根据债权人的权利的强弱对之进行分类，然后以这种分类为轴心就各种担保物权作出规定，像是破产法的预备规定。这种对担保物权的处理，在民法典编纂史上具有创新性。

《混合民法典》表征着一种法律适用上的双轨制。对外国人彼此之间的民事关系，如果他们同属一个国家，适用他们的本国法；如果他们属于不同的国家，可以适用一种第三国的法；对埃及人与外国人之间的民事关系，按照殖民主义的逻辑，当然不能适用埃及的固有法，那么，就适用一种兼有埃及因素和西方因素的法律。《混合民法典》就充当了上述"第三国的法"和"兼有两种因素的法律"的角色。

---

① 参见李慧娟：《近代中国与埃及混合法庭之比较》，湘潭大学 2005 硕士学位论文，第 43 页。

《混合民法典》解决了不同国籍的外国人之间、外国人与埃及人之间的财产性民事法律关系的调整问题,但未解决埃及人彼此之间的这样的关系的调整问题。可以说,这样的关系过去由沙里亚法进行调整,但沙里亚法未免过于中世纪,当有涉外经历的埃及人尝到以现代成文法解决争议的甜头后,再让他们仅仅因为交易对手也是埃及人就采用传统的解决,他们未免觉得反差太大。于是,制定一部以类似的方式解决埃及人之间的财产性民事关系调整的法典,似乎是必然的。于是,1883 年 10 月 28 日,埃及又颁布了一部《国民民法典》做《混合民法典》不做的事。有一些欧洲人参与了《国民民法典》的起草,如法国人瓦谢尔(Gilbert Vacher de Montguyn)、娄(Low)以及意大利人乔万尼·莫里昂多(Giovanni Moriondo)——后来他被委托修改民法典和民事诉讼法典——埃及人布特罗斯·加利·穆罕默德·卡德里·巴夏(1821—1888)参加了起草。他们的工作成果主要受《法国民法典》影响。《国民民法典》凡 641 条,比《混合民法典》少了 133 条,条文的减少至少可部分地归因于《国民民法典》无《混合民法典》的序编。在其他部分的大的结构上,它与《混合民法典》别无二致,分为四编。第一编为财产,包括 6 章;第二编为债;第三编为各种合同,包括 9 章,比《混合民法典》的相应部分多 2 章;第四编为债权人的权利,分为 3 章。显然,《国民民法典》系攀比《混合民法典》而成,其内容也比附《混合民法典》,它比沙里亚法更具现代性,由此使说《混合民法典》促进了埃及法制的进步变得安全。但这部民法典过分地模仿《法国民法典》,有时把《法国民法典》的几个条文压缩为一条,以至于改变了其原意。此外,有些地方受到意大利法和比利时法的影响。当然,它还保留了穆斯林法的一些痕迹,例如在役权、先买权、消灭时效等问题上。

为了适用《国民民法典》,相应的国民法院也建立起来,埃及的民事法制陷入分裂中。

《埃及民法典》绪言

四、桑胡里与 1948 年《埃及民法典》

上述《混合民法典》和《国民民法典》身上染着殖民主义的血污,然而,它们却是 1948 年民法典的母本,该民法典的主要作者阿卜德·阿尔·拉扎克·阿尔·桑胡里(1895—1971)从事的工作不是另行起草一部民法典,而是对既有的两部民法典进行修订。① 事实上,1948 年民法典 3/4 的条文都来自它们。② 这意味着桑胡里并无打碎旧的殖民地法的任务,而是对它们进行统一(把两部合为一部)、优化,一句话,并非因为婴儿在降生过程中染有血污就扔掉他,而是洗掉血污,留下婴儿。这是何等的胸怀! 然而,在非洲,这并非什么特别之事,看看整个法属非洲,当法国人撤走后,又有几个国家废除了法国人留下的法典呢!

修订两部既有民法典的直接契机是 1936 年土耳其(它于 1923 年成为奥斯曼帝国的政治继承人)与西方列强在瑞士蒙特娄签订的《蒙特娄公约》,它确认西方列强的商船和军舰自由通过博斯普鲁斯海峡和达达尼尔海峡的权利,③同时规定于 1949 年废除混合法院,④这是土耳其于 1923 年与协约国签订的废除领事裁判

---

① See Enid Hill, Al-Sanhuri and Islamic Law: The Place and Significance of Islamic Law in the Life and Work of 'Abd al-Razzaq Ahmad al-Sanhuri, Egyptian Jurist and Scholar, 1895—1971 [Part Ⅱ], In *Arab Law Quarterly*, Vol. 3, No. 2, May, 1988, p. 182.

② 参见李慧娟:《近代中国与埃及混合法庭之比较》,湘潭大学 2005 硕士学位论文,第 53 页。

③ 参见《世界历史词典》编辑委员会编:《世界历史词典》,上海辞书出版社 1985 年版,第 690 页。

④ See Enid Hill, Al-Sanhuri and Islamic Law: The Place and Significance of Islamic Law in the Life and Work of 'Abd al-Razzaq Ahmad al-Sanhuri, Egyptian Jurist and Scholar, 1895—1971 [Part Ⅰ], In *Arab Law Quarterly*, Vol. 3, No. 2, May, 1988, p. 57.

权的《洛桑条约》的逻辑结果。① 可能因为埃及属于奥斯曼帝国的故地的关系，土耳其与西方国家签订的这两个条约的效力都及于埃及。由此在埃及引发了 1949 年后两种法院的统一问题以及相应的两种民法典的统一问题。埃及 1948 年民法典的主要编订者桑胡里迅速对这一新形势作出反应，于 1936 年发表论文《要以什么为基础修订埃及民法典》，提出了统一民法典的建议以及修订的依据。② 作为回应，埃及于 1936 年 3 月成立了民法典修订委员会，桑胡里被任命为委员。

桑胡里是教授、法官、立法家和国务活动家。1895 年 8 月 11 日出生于亚历山大市，1913 年移居开罗在赫迪夫③法学院学习法律，可能就在这一时期，他在美国人伍尔顿（F. P. Wulton）的影响下学习过普通法。次年其父去世。为了生存，他供职于财政部，同时在一家大学的法律系注册为编外学生。1917 年得到律师执照。首先担任曼苏拉④混合法院的法律办公室的助理审判员（deputy）。这段经历应该使他认识到混合法院的价值并受到充分的比较法熏陶。他参与了 1919 年革命——这是一场反对英国殖民者的革命——并被调到阿修特（Asyut）的法院工作。1920 年，他担任沙里亚法官学校的法律讲师。1921 年他留学法国，在里昂大学

---

① 参见徐国栋：《比较法视野中的民法典编纂》（一），北京大学出版社 2007 年版，第 311 页。

② "本法所定之条款是现行埃及法律、借自其他当代法典的成分和最后但不是最少的沙里亚——即通往真理的道路之意——本身的法律原则三方面的汇总。"参见［英］库尔森：《伊斯兰教法律史》，吴云贵译，中国社会科学出版社 1986 年版，第 126 页。

③ 赫迪夫是土耳其语 Hidiv 的音译，意为国君或统治者。是 1867—1914 年间埃及统治者使用的称号。1914 年后，改称苏丹。

④ 埃及的一个城市，设有混合法院。

法律系攻读博士学位①,再次成为法国著名罗马法和民法学家爱德华·兰贝赫(Edouard Lambert)的学生,事实上,兰贝赫在1907年前都是桑胡里曾就学过的赫迪夫法学院的院长,1907年与埃及教育部的英国顾问吵翻后愤然回到法国,在里昂大学建立了东方法律与社会研究所(1920年更名为著名的比较法研究所),兰贝赫的埃及工作经历帮助他吸引了许多埃及学生到他所在的法律系就学,桑胡里就是其中之一。他在这里如鱼得水,左右开弓,获得法学博士和政治学博士两个学位,法学博士学位论文是研究英国法的《英国法中对劳动合同中个人自由的限制》(在法国写研究英国法的博士论文显露了他受伍尔顿的普通法教育的经历),政治学博士学位论文是研究伊斯兰社会重要政治制度之一的《论哈里发》。② 1926年,桑胡里回到开罗,在埃及国民大学法律系担任助理教授。1932年8月,他作为埃及代表团的成员参加了在海牙举行的第一届比较法国际大会。会上,投票决定下一届会议要研究作为比较法渊源的伊斯兰法。③ 1935年,桑胡里到了伊拉克,担任巴格达法律学院的院长。此时的伊拉克正在制定自己的民法典。当时有两个选择:其一,像土耳其一样直接采用外国法典;其二,保

---

① See Enid Hill, Al-Sanhuri and Islamic Law: The Place and Significance of Islamic Law in the Life and Work of 'Abd al-Razzaq Ahmad al-Sanhuri, Egyptian Jurist and Scholar, 1895 — 1971 [Part Ⅰ], In *Arab Law Quarterly*, Vol. 3, No. 2, May, 1988, p. 34.

② See Enid Hill, Al-Sanhuri and Islamic Law: The Place and Significance of Islamic Law in the Life and Work of 'Abd al-Razzaq Ahmad al-Sanhuri, Egyptian Jurist and Scholar, 1895 — 1971 [Part Ⅰ], In *Arab Law Quarterly*, Vol. 3, No. 2, May, 1988, p. 44.

③ See Enid Hill, Al-Sanhuri and Islamic Law: The Place and Significance of Islamic Law in the Life and Work of 'Abd al-Razzaq Ahmad al-Sanhuri, Egyptian Jurist and Scholar, 1895 — 1971 [Part Ⅰ], In *Arab Law Quarterly*, Vol. 3, No. 2, May, 1988, pp. 51ss.

持过去与现在的连续性,起草一部新法典。按桑胡里的建议,伊拉克采用了第二号解决方案,并委托桑胡里在《玛雅拉》专家穆尼尔·阿斯·卡迪教授的协助下进行起草。1936 年 2 月 12 日开始工作,同年的 6 月 15 日,桑胡里呈交了他起草的关于买卖与互易合同的部分,尔后提出了债法部分的模式。但 1936 年秋,伊拉克内阁因为军事政变辞职,民法典起草工作中断,桑胡里回到埃及担任开罗大学法律系主任,[①]但他因此积累了民法典起草经验,同年他就提出了修订埃及民法典的建议。1938—1939 年,他又担任曼苏拉混合法院的法官。1942 年、1945 年、1946 年,担任律师。1939年担任教育部副部长。1949 年担任司法部副部长。1947 年担任教育部部长。1946 年担任在伦敦举行的巴勒斯坦会议埃及代表团团长,同年担任埃及在联合国的代表。[②] 显然,桑胡里是一个经历非常丰富,非常具有实践精神的人,并非完全的书斋人物。但无论是治学还是从政,他的一生主要还是围绕法律展开。应该说,他的司法和行政实务经验对他修订民法典并非无益。

　　回到桑胡里的修订民法典活动上来。1936 年 3 月任命的委员会由于不明确的原因被解散了,其活动成果仅仅为 4 个条文。1936 年 12 月,成立了第二个委员会。它在 1938 年 5 月被解散。同年的晚些时候,任命了第三个委员会,其成员仅仅有桑胡里及其

---

　　① See Zuhair E. Jwaideh, The New Civil Code of Iraq, In *George Washington Law Review*, Vol. 22, 1951—1954, pp. 179s.

　　② See Enid Hill, Al-Sanhuri and Islamic Law: The Place and Significance of Islamic Law in the Life and Work of 'Abd al-Razzaq Ahmad al-Sanhuri, Egyptian Jurist and Scholar, 1895 — 1971 [Part Ⅱ], In *Arab Law Quarterly*, Vol. 3, No. 2, May, 1988, pp. 191ss.

法国老师兰贝赫。① 请一个外国人参与修订自己的民法典,表现了埃及人开放的胸怀。

在起草中,桑胡里大量利用了混合法院记录中留下的材料。② 他自己两度在混合法院工作的经历使他做这一工作得心应手。他留学法国的经历决定了他的工作成果要受到法国很大的影响,但他也参考了其他国家如瑞士、德国、意大利、波兰、罗马尼亚、日本等国的某些法律原则。他在考虑吸收怎样的西方因素时,总是注意吸收那些尽可能与伊斯兰教法保持一致的部分。此外,他还直接从沙里亚法典中吸收了一部分法律原则和规定,对前两部民法典中已有的沙里亚法规定,则予以保留或作一定的改动以适应时代的发展。③ 因此,1948 年《埃及民法典》有鲜明的伊斯兰法的特色。例如,在关于法律渊源的第 1 条中,把沙里亚作为法律渊源之一,允许在法律无规定的情况下适用沙里亚法。我们必须记住的是,该法典颁布时,存在于世俗法院与沙里亚法院并存的环境中。④ 但从 1956 年起,该法典的适用环境发生了变化:沙里亚法院被废除,原先适用于这种法院的沙里亚法现在适用于普通的民

① See Enid Hill, Al-Sanhuri and Islamic Law: The Place and Significance of Islamic Law in the Life and Work of 'Abd al-Razzaq Ahmad al-Sanhuri, Egyptian Jurist and Scholar, 1895 — 1971 [Part Ⅱ], In *Arab Law Quarterly*, Vol. 3, No. 2, May, 1988, p. 182.

② See Enid Hill, Al—Sanhuri and Islamic Law: The Place and Significance of Islamic Law in the Life and Work of 'Abd al—Razzaq Ahmad al-Sanhuri, Egyptian Jurist and Scholar, 1895 — 1971 [Part Ⅰ], In *Arab Law Quarterly*, Vol. 3, No. 2, May, 1988, p. 61.

③ 参见吴云贵:《伊斯兰教法概略》,中国社会科学出版社 1993 年版,第 222 页。

④ 参见吴云贵:《伊斯兰教法概略》,中国社会科学出版社 1993 年版,第 221 页。

事法院。①

1942 年 4 月 24 日,桑胡里在皇家地理学会赞助的一个演讲中公开宣告了已完成民法典的起草。在 3 年的时间内,民法典的草案被开放给公众提意见。1945 年,桑胡里领导的 5 人委员会研究了这些批评和建议,基于此对草案作出修改,在议会上提出学者建议稿。上议院设立了一个特别委员会对建议稿进行审议。1948 年 5 月 30 日,上议院召开特别会议,邀请埃及法院、律师协会、法律系的教师审议法典草案,提出意见。该草案于 1948 年 7 月成为是年的第 131 号法律,两部旧民法同时被废除。② 1949 年 10 月 15 日,在中华人民共和国开国 14 天之后,在混合法院终结之日,经桑胡里修订的民法典草案生效。③ 桑胡里由于完成了这一重要的立法工作被誉为"埃及的布莱克斯通"④。

1948 年《埃及民法典》包括一个序编和两个正编。序编的第一章涉及法律在时间上和空间上的冲突,异想天开地把关于国际私法的规则容纳其中。第二章是关于民事主体的,规定了自然人和法人。这是埃及模式的特点,它不像其他伊斯兰国家的民法把人格和身份关系都划入一个独立的个人身份法典,而只把身份关

---

① 参见《世界各国宪政制度和民商法要览·非洲分册》,上海社会科学院法学研究所编译室译,法律出版社 1987 年版,第 28 页。

② Cfr. Francesco Castro, *Saria e diritto romano nella codificazione dei paesi Arabi*, Istituto per l'oriente C. A. Nallino, Roma, 1991, p. 198.

③ See Enid Hill, Al-Sanhuri and Islamic Law: The Place and Significance of Islamic Law in the Life and Work of 'Abd al-Razzaq Ahmad al-Sanhuri, Egyptian Jurist and Scholar, 1895 — 1971〔Part Ⅱ〕, In *Arab Law Quarterly*, Vol. 3, No. 2, May, 1988, pp. 182ss.

④ See Enid Hill, Al-Sanhuri and Islamic Law: The Place and Significance of Islamic Law in the Life and Work of 'Abd al-Razzaq Ahmad al-Sanhuri, Egyptian Jurist and Scholar, 1895 — 1971〔Part Ⅰ〕, In *Arab Law Quarterly*, Vol. 3, No. 2, May, 1988, p. 44.

系划入,保留人格关系于民法典中。这种类型的民法典更接近于其罗马法蓝本,使人可以摆脱穆斯林国家的民法典是单纯的财产法典的印象,看到在这样的法典中还有关于人格法的规定。第三章是物与财产的分类,涉及法律关系的客体。

第一编关于债或对人权,下辖两个分编。

第一分编是债的一般规定,其第一题是债的发生根据,有合同、单方允诺、不法行为、无因得利、法律的规定5种;第二题,债的效力,包括实际履行、等效履行、债权的实现与担保方式等内容;第三题,债的样态,有条件与期限、多数客体之债、多数当事人之债等内容;第四题,债的移转,有债权转让、债务移转两个方面;第五题,债的消灭,有履行、相当于履行的债之消灭、非经履行的债之消灭等内容;第六题,债的证明等。

第二分编为有名合同。第一题,移转所有权的合同,有买卖、互易、赠与、合伙、消费借贷和永久年金、和解等;第二题,有关物之使用的合同,有租赁、使用借贷等;第三题,完成工作的合同,有承揽和公共服务特许、雇佣、委任、寄托、讼争物寄托等;第四题,射幸合同,有赌博和打赌、终身年金、保险合同等;第五题,保证,有保证的要件、保证的效力等。

第二编关于物权,下辖两个分编。

第一分编为主物权。其第一题为所有权,在"所有权的取得"的章名下规定了继承法;第二题,所有权的派生权利,有用益权、使用权与居住权、永佃权、地役权等。

第二分编为从物权或担保物权。其第一题为抵押权;第二题,裁定抵押权,这是一种通过法院判决设立的抵押权;第三题,质押;第四题,优先权,包括一般规定和优先权的类型两章。

这一结构打破了两部先前的民法典实行的物权优先于债权主义,改采债权优先于物权主义,反映了晚近一些的民法思潮。另外把两部先前的民法典各自关于物权的两编合为一编,把它们各自

关于债权的两编合为一编。在序编中增加了关于国际私法和法律关系的主体和客体的规定。显然,这个序编是不折不扣的总则,在这一问题上,《埃及民法典》已背离并超越了其法国蓝本;不仅如此,与先前的两部民法典相比,1948 年《埃及民法典》的条文数目增长了,达到 1149 条,因此法律漏洞应该少得多。

在具体制度上,《埃及民法典》也有一些创新。例如,创造了无因得利的概念,把传统民法中的无因管理和不当得利熔为一炉。按照这种体例,无因得利行为包括受非债清偿和无因管理两种情况。所谓的无因得利,指任何有识别能力的人,无正当原因使自己得利并造成了他人之损害的情况,为此,他要在得利的范围内,就赔偿后者因财产的减少引起的损害承担责任(第 179 条)。即使得利的客体灭失,这样的债依然维持。又如,在尊重穆斯林传统的基础上大胆地进行改革,规定了射幸契约和保险合同、允许利息存在。在他起草《伊拉克民法典》时,他都小心地回避利息问题,因为《玛雅拉》对此无规定,而在埃及,由于《混合民法典》照搬了《法国民法典》中的利息制度,规定利息就理所当然了。[1] 正是由于这些改革,在民法典颁布 20 年后,桑胡里承认,新法典仍然是西方民法文化的代表,而非伊斯兰法律文化的代表。[2] 这可能是他在颁布法典时不敢说的话。

至此,1948 年《埃及民法典》的性质已跃然于眼前:它是对殖民时期的《混合民法典》和《国民民法典》的发展,而非一个截然的

---

[1] See Enid Hill, Al-Sanhuri and Islamic Law: The Place and Significance of Islamic Law in the Life and Work of 'Abd al-Razzaq Ahmad al-Sanhuri, Egyptian Jurist and Scholar, 1895 — 1971 [Part Ⅱ], In *Arab Law Quarterly*, Vol. 3, No. 2, May, 1988, p. 203.

[2] See Enid Hill, Al-Sanhuri and Islamic Law: The Place and Significance of Islamic Law in the Life and Work of 'Abd al-Razzaq Ahmad al-Sanhuri, Egyptian Jurist and Scholar, 1895 — 1971 [Part Ⅱ], In *Arab Law Quarterly*, Vol. 3, No. 2, May, 1988, p. 186.

新东西。其蓝本是屈辱的治外法权制度的产儿,但由于埃及人对这一制度的屈辱性的巧妙缓和,混合法院成了埃及人引进域外的先进法律文化的一个渠道。因此,当埃及人由于废除领事裁判权并相应地废除混合法院取得更多的主权后,并未因过去的屈辱历史而抛弃这段历史留下的积极成果,或曰并未因为婴儿存在于肮脏的浴水中而抛弃他,而是采取了承认法的继承性的立场,理性地运用此等成果作为自己法制建设的工具,由此大大减少了此等建设的成本。这种选择是轻面子、重实效的。作为外国人参加埃及现代法制建设的历史传统的延续,埃及人甚至请法国人担任 1948 年民法典的起草委员,这也是一种轻面子、重实效的安排。

五、1948 年《埃及民法典》的影响

1948 年《埃及民法典》在非洲—西亚伊斯兰世界中有巨大的影响,它成为主要的阿拉伯国家的民法典的蓝本,其影响范围包括叙利亚(1949)、伊拉克(1951)、利比亚(1954)、卡塔尔(1971)、索马里(1973)、阿尔及利亚(1975)、约旦(1976)、苏丹(1971 和 1984)、科威特(1980)、阿拉伯联合酋长国(1985)等 10 个国家。以下按制定的时间顺序分别介绍受 1948 年《埃及民法典》影响的诸阿拉伯国家民法典。

叙利亚。该国也曾是奥斯曼帝国的一部分,故曾适用《玛雅拉》。一战后,叙利亚被国联正式确认为法国的托管地(Mandate),一直到 1946 年取得独立。[①] 1949 年就制定了埃及模式的民法典。其结构为:序题;第一编,债或对人权;第二编,物权。这完全与 1948 年《埃及民法典》的结构一致。[②] 凡 1130 条,比 1948

---

① See Robert D. Kaplan, *Eastward to Tartary*, *Travels in the Balcans*, *The Middle East*, *and the Caucasus*, Random House, New York, 2000, p. 122s.

② *Voire Code Civil*, Damas-Syrie, 1949.

年《埃及民法典》的 1149 条少。桑胡里并未直接参与过《叙利亚民法典》的制定①,但该民法典深受桑胡里民法典的影响。

伊拉克。前文已述,桑胡里曾在这里着手过民法典起草,该计划因为政治原因流产,20 世纪 40 年代,伊拉克重启了这一计划。桑胡里于 1943 年被邀重返伊拉克继续他未完成的工作,主持由伊拉克法学家组成的起草委员会,主要采用埃及民法典草案作为工作基础。1946 年草成②,1951 年 9 月 8 日成为法律。《伊拉克民法典》与其他受桑胡里民法典影响的民法典不同,它是与蓝本同时进行的。桑胡里对它评价甚高,说它是在"平等的基础上结合伊斯兰法理和现代西方法的第一个现代法典"③,此语大概是对《埃及民法典》中西方因素大于伊斯兰因素的事实的间接承认。《伊拉克民法典》分为一个序题和两编,每编下辖两个分编。第一编是个人的权利,其下的第一分编是债的一般,第二分编是有名合同;第二编是物权,其下的第三分编是主物权,第四分编是他物权。④ 这一结构与 1948 年《埃及民法典》一致,不过把序编变成了序题而已。

利比亚。利比亚也曾为奥斯曼帝国的一部分,曾适用《玛雅拉》。1951 年独立于法国和英国统治者。1953 年,桑胡里来到这

① See Zuhair E. Jwaideh, The New Civil Code of Iraq, In *George Washington Law Review*, Vol. 22,1953—1954, p. 165.

② See Zuhair E. Jwaideh, The New Civil Code of Iraq, *George Washington Law Review*, Vol. 22,1953—1954, p. 180.

③ See Enid Hill, Al-Sanhuri and Islamic Law: The Place and Significance of Islamic Law in the Life and Work of 'Abd al-Razzaq Ahmad al-Sanhuri, Egyptian Jurist and Scholar, 1895 — 1971 [Part II] , In *Arab Law Quarterly*, Vol. 3, No. 2, May, 1988, p. 186.

④ See Zuhair E. Jwaideh, The New Civil Code of Iraq, In *George Washington Law Review*, Vol. 22,1953—1954, pp. 183ss.

个国家帮助其制定民法典,①主持第一个起草委员会。该委员会
由利比亚、英国、意大利和黎巴嫩的专家组成,后来被由利比亚和
埃及人组成的第二个起草委员会取代。他们起草的民法典分为一
个序题和两编,每编下辖两个分编,其编制与上述《伊拉克民法典》
无异,故不重复。凡 1151 条,比《埃及民法典》多两条。② 它对埃
及蓝本的改动源于利比亚的伊斯兰法属于马立克派,埃及的伊斯
兰法属于哈乃菲派的事实,所以,对《埃及民法典》中关于先买权等
制度的规定做了马立克派化的处理。③

卡塔尔。卡塔尔也曾经是奥斯曼帝国的一部分。1882 年成
为英国的保护地,1916 年成为英国的保护国。1971 年独立,同年
8 月 25 日制定了《民商法典》,其蓝本是 1961 年的《科威特商法
典》④。它起于一个序题,分为五编。第一编,债的一般;第二编,
商行为、商事和商事企业;第三编,有名商事合同;第四编,商业票
据;第五编,破产与重整(此编仅一条)。凡 474 条。⑤ 不难看出这
一法典的结构与《埃及民法典》结构的关联。其第一编和第三编在
《埃及民法典》中有对应物。其他三编都是采用民商合一体制的成

---

① See Enid Hill, Al-Sanhuri and Islamic Law: The Place and Signifi-
cance of Islamic Law in the Life and Work of 'Abd al-Razzaq Ahmad al-San-
huri, Egyptian Jurist and Scholar, 1895 — 1971 [Part Ⅱ], In *Arab Law
Quarterly*, Vol. 3, No. 2, May, 1988, p. 202.

② See the *Libyan Civil Code*, translated in English by Meredith O.
Ansell & Ibrahim Massaud al-Arif, The Oleander Press, London, s/n.

③ See Nabil Saleh, Civil Codes of Arab Countries: The Sanhuri
Codes, In *Arab Law Quarterly*, Vol. 8, 1993, p. 163.

④ See George N. Sfeir, *Modernization of the Law in Arab States*, *An
Investigation into Current Civil Criminal and Constitutional Law in the Ar-
ab World*, Austin & Winfield, Publishers, San Francisco-London-Bethesda,
1998, p. 49.

⑤ See Allen P. K. Keesee, *Commercial Laws of the Middle East(Qa-
tar)*, Oceana Publication, Inc, New York, Rome, London, 1989.

果。至此,桑胡里民法典的模式有改进型了:民商合一的改进型。顺便指出,1948 年《埃及民法典》从属于民商分立体制,埃及在这一民法典之外有商法典。

索马里。索马里曾为意大利殖民地,后来被联合国委托意大利管理。1961 年独立。1973 年制定了《索马里民法典》。其时,桑胡里已为古人,不可能参与这部民法典的制定。但《索马里民法典》的如下编制与《埃及民法典》的高度一致,证明受到后者不同一般的影响。

《索马里民法典》的编制如下:序编是一般规定,包括法律及其适用;法律和法,法律在时间和空间上的冲突;自然人、法人、协会、基金会、物和财产的分类等问题。第一编为债与对人权,分为债的一般和具体合同两个分编;第二编是物权,分为自物权和他物权两个分编。①

阿尔及利亚。阿尔及利亚曾为法国殖民地,1962 年独立。1975 年制定了《阿尔及利亚民法典》。桑胡里不可能参与该民法典的制定,但其民法典直接被作为阿尔及利亚人的蓝本,不过稍加修改而已。《阿尔及利亚民法典》把《埃及民法典》的序编改成了第一编,内容不变;另外把《埃及民法典》的第二编分解为主物权和他物权两个独立的编。条文数目为 1003 条,比《埃及民法典》少了100 多条。②

约旦。约旦也曾为奥斯曼帝国的一部分,曾适用《玛雅拉》。奥斯曼帝国崩溃后,1921 年成为英国托管地。1946 年独立。1976 年,约旦颁布了自己的民法典,桑胡里在 1966 年被邀参与其起草,

① *Cfr. Codice Civile Somalo.*

② 参见徐国栋:《比较法视野中的民法典编纂》(一),北京大学出版社 2007 年版,第 347 页。

由于健康原因未成其事。① 其结构为一个序题和四编。第一编，对人权，这是债的别名；第二编，合同；第三编，主物权；第四编，担保物权。② 凡 1449 条。不难看出，这一结构不过是取消《埃及民法典》中的编的设置，把它的分编上升为编，并大致调整其名目而已。条文增多，乃因为补充了一些《埃及民法典》中没有的制度，例如占有。由于继受埃及法，在最近出版的《约旦民法典》的评注版中，饱含着对埃及法院的判决的援引。③

苏丹。苏丹曾为奥斯曼帝国的一部分，后来成为英国殖民地。1956 年独立。1971 年，采用了埃及模式的民法典，两年后它又被废除，回到英印体制。1984 年，制定了《民事交易法典》，它受《约旦民法典》的影响。④ 于是，转了一个弯，还是回归到了《埃及民法典》的影响。

科威特。约旦也曾为奥斯曼帝国的一部分，曾适用《玛雅拉》。1899 年成为英国的保护国。1961 年独立。在此之前的 1959 年，桑胡里就被邀来到这个国家帮助其制定民法典，⑤他认为一部综

---

① See Nabil Saleh，Civil Codes of Arab Countries：The Sanhuri Codes，In *Arab Law Quarterly* ，Vol. 8，1993，p. 164.

② See *The Jordan Civil Code of Moslem Jurisprudence* ，Trandlated in English by Hisham R. Hashem，Al-Tawfiq Printing Press，Amman，Jordan，s/a.

③ See George N. Sfeir，*Modernization of the Law in Arab States* ，An *Investigation into Current Civil Criminal and Constitutional Law in the Arab World* ，Austin & Winfield，Publishers，San Francisco，London，Bethesda，1998，p. 97.

④ Cfr. Francesco Castro，Saria e diritto romano nella codificazione dei paesi Arabi，Istituto per l'oriente C. A. Nallino，Roma，1991，p. 263.

⑤ See Enid Hill，Al-Sanhuri and Islamic Law：The Place and Significance of Islamic Law in the Life and Work of 'Abd al-Razzaq Ahmad al-Sanhuri，Egyptian Jurist and Scholar，1895－1971〔Part Ⅱ〕，In *Arab Law Quarterly*，Vol. 3，No. 2，May，1988，p. 202.

合的或被广泛接受的民法典不适合科威特,代之制定了 1961 年《科威特商法典》。其中,整个第二编关于债的一般取自《伊拉克民法典》的相应部分,另外的部分属于《玛雅拉》。这部混血儿式的商法典于 1981 年 2 月 25 日废除,代之以一部综合的民商法典。① 它由一个通则开头,下分两编。第一编,对人请求权和债,下辖两个分编。第一分编,债的一般;第二分编,有名合同。第二编,权利,下辖两个分编。第一分编,基本权利,包括所有权、从所有权派生的权利;第二分编,从权利担保,是关于担保物权的规定。凡 1082 条。② 看到这个结构,就可以知道它对《埃及民法典》的模仿程度了。

阿拉伯联合酋长国。阿联酋于 1892 年成为英国的保护国。1971 年独立。1985 年 12 月公布了《阿拉伯联合酋长国民事交易法》,它以《科威特商法典》为蓝本。分为通则和四编。在通则中,规定了法律及其适用,特定的法律术语和解释规则,权利的证据等。第一编为债的一般,第二编为合同,第三编为对物的原始的权利,第四编为对财产的担保,凡 1528 条。③ 这一民事交易法的结构与《阿尔及利亚民法典》很类似,可以认为它是对《埃及民法典》的间接继受。

以上为比较直接地体现了《埃及民法典》影响的民法典,有研究者认为,黎巴嫩、巴林也受到了《埃及民法典》的影响。④ 这样的

---

① See Nabil Saleh, Civil Codes of Arab Countries: The Sanhuri Codes, *Arab Law Quarterly*, , Vol. 8, 1993, p. 163.

② See Allen P. K. Keesee, *Commercial Laws of the Middle East* (*Kuwait*), Oceana Publication, Inc, New York, Rome, London, 1987.

③ See *The Civil Code of the United Arab Emirates*, Translated by James Whelan & Marjorie J. Hall, Graham & Trotman, 1987.

④ See *The Jordan Civil Code of Moslem Jurisprudence*, Translated in English by Hisham R. Hashem, Al-Tawfiq Printing Press, Amman, Jordan, s/a, Preface.

说法值得深究，就黎巴嫩而言，它没有一部综合的民法典，只有1930年的《财产法典》和1932年的《债与合同法典》，它们的颁布时间在1948年《埃及民法典》之前，说它们受到了后者的影响，似乎说不过去。不过，黎巴嫩《债与合同法典》分为债的一般和关于某些合同的特别规则两编，①这种安排与《埃及民法典》第一编的结构一致。不排除黎巴嫩《财产法典》与《埃及民法典》第二编结构一致的可能，如果是这样，似乎倒可以证明桑胡里的《埃及民法典》结构设计受到了黎巴嫩立法者的影响：把后者的两部法典合成为一部，保留其结构，加上一个序编，就成了《埃及民法典》的结构。就巴林而言，它只有1969年的《合同法》、1970年的《民事侵权行为法》，②以及颁布年代不详的《商业公司法》、《代理法》、《劳动法》、《专利和商标法》和《海商法》，③也没有一部与《埃及民法典》对应的民法典，如果这些法律中的某些受到了1948年《埃及民法典》的影响，肯定采取了非常间接的方式。

综上所述，《埃及民法典》的影响及于非洲和西亚的伊斯兰国家。受影响的非洲国家有利比亚、索马里、阿尔及利亚、苏丹；受影响的西亚国家有叙利亚、伊拉克、卡塔尔、约旦、科威特、阿联酋等国家。据说，阿拉伯半岛上的国家，除沙特阿拉伯外，都继受了这部民法典，这标志着埃及法系的独立存在。④ 这可是新埃及法系

① See *Code of Obligation and Contracts*, Translated by Gabriel, Bureau of Lebanese and Arab Documentation, London, 1981.

② 参见《世界各国宪政制度和民商法要览·亚洲分册》，上海社会科学院法学研究所编译室译，法律出版社1987年版，第29页。

③ See George N. Sfeir, *Modernization of the Law in Arab States*, *An Investigation into Current Civil Criminal and Constitutional Law in the Arab World*, Austin & Winfield, Publishers, San Francisco, London, Bethesda, 1998, p. 48.

④ Cfr. Francesco Castro, *Saria e diritto romano nella codificazione dei paesi Arabi*, Istituto per l'oriente C. A. Nallino, Roma, 1991, p. 207.

了，它的存在见证了埃及至少在法律上的地区大国地位。有人说，埃及虽然永远不能领导一个统一的非洲，但它已经采取了许多步骤来表示它既是一个非洲国家，也是一个中东国家。[①] 在《埃及民法典》横跨西亚和非洲发生影响的意义上，这一论断也是对的。

在受《埃及民法典》影响的方式上，有桑胡里参与起草型和不参与起草型两类，前者有如伊拉克、利比亚、约旦、科威特；后者有如其他六国。另有直接受影响型和间接受影响型两类，后者即通过从《埃及民法典》派生的民法典间接受《埃及民法典》影响的类型，有如《阿拉伯联合酋长国民事交易法》、《卡塔尔民商法典》、《苏丹民法典》。在《埃及民法典》的传播过程中，已产生了一定的变体，有如把桑胡里的民商分立模式改成民商合一模式的《卡塔尔民商法典》，由此，桑胡里创立的模式在运用中得到了发展。

够了！在世界民法典之林中，除了《法国民法典》（直接影响48个国家[②]），有这样广泛影响的民法典还没有。《德国民法典》算一部有广泛影响的民法典，但直接受它影响的国家不过日本、泰国、1949年前的中华民国、韩国和1964年后的葡萄牙5国。而且，许多国家受《法国民法典》影响，至少起初是出于法国炮舰的压力。《埃及民法典》能直接影响十几个国家，夫复何求？要命的是，它本质上是殖民主义的遗产，这样性质的遗产受到如此广泛的欢迎，说明了什么呢？或许可以说，殖民主义是传播文明的一种粗野方式。方式尽管粗野，文明毕竟被传播了。

《埃及民法典》还可能产生泛国家的影响，它可能成为制定跨

① ［美］维农·麦凯：《世界政治中的非洲》，北京编译社译，世界知识出版社1965年版，第103页。
② 参见徐国栋：《比较法视野中的民法典编纂》（一），北京大学出版社2007年版，第22页。

国性阿拉伯民法典的基础。① 从学理上看，它还促进了阿拉伯民法的形成。②

六、结论和余论

1948 年《埃及民法典》主要是混合法庭留下的果实。在殖民主义终结之后，埃及人保留了这一果实，像保留殖民者留下的洋房一样保留了他们的立法——司法经验，这是一个反项羽的安排。遥想秦朝末年此公进咸阳的时候，一把火烧掉了阿房宫，而且想把秦朝的典籍也一火焚之，幸亏被萧何抢下，如此才汉承秦律，法统代代相传，一直到清末变法。萧何一何智，项羽一何愚！此乃不刊之论。奇妙的是，《蒙特娄公约》生效后的埃及人与远远早于他们的萧何发生了心灵共振，作出了一个智的选择和安排。在埃及的历史上，外国法如走马灯般来来往往，呆的时间长了，就不被作为外国法，而作为固有法看待，这可能是埃及人作出如此选择的原因。有意思的是，混合法院在清末民初的上海也曾有其存在，不过叫做会审公廨而已，它是由中国法官和西洋法官共同审判居住在租界内的中国人的案件的法院，与埃及的混合法院审理涉及外国人和外国利益的案件有所不同，但两种混合法院都有引进西方先进法制于本国的意义。与埃及人保留混合法院的工作成果相反，我国理论界长期以来丝毫不承认会审公廨有一定的积极意义，未见利用其工作成果制定先进法律的报道。这跟中国在清末遭遇西方时毫无类似经验、心理受冲击过大，故反应过大有关，由此造成

---

① See Enid Hill, Al-Sanhuri and Islamic Law：The Place and Significance of Islamic Law in the Life and Work of 'Abd al-Razzaq Ahmad al-Sanhuri, Egyptian Jurist and Scholar, 1895 — 1971［Part Ⅱ］, In *Arab Law Quarterly*, Vol. 3, No. 2,May, 1988, p.206.

② See Guy Bechor, *The Sanhuri Code, and the Emergence of Modern Arab Civil Law* (1932 to 1949).

了经验传承的中断,此后更发生了废除《六法全书》造成的同样中断。在这个意义上,中国做了半个项羽——让外滩的高楼大厦留下,让建楼者的法律制度滚开。好器物而不好制度,却也比两者都不好的项羽强,而埃及却做了萧何,不仅把殖民者的房子留下,还扬弃其典章制度。对于"半个项羽"的前人做法,近来已有人反思,①会审公廨引进先进法制——例如律师制度——的意义逐渐得到承认。进而言之,对殖民主义先锋的西方传教士的功能近来也发生了认识转变,人们开始承认他们的"传播花粉"的蜜蜂功能。这样的转变说明我们的民族更成熟了,更自信了。

但《埃及民法典》在国外香飘万里之际,在本国却遭到了传统主义的攻击。1978年,正是约旦根据《埃及民法典》制定自己的民法典的前夜,是年的12月17日,埃及却设立了特别委员会研究沙里亚法的法典化问题。1982年,诸草案完成,它们是1000多条的《民事交易法》,181条的《证据法》,443条的《海商法》,776条的《商事法》。②如果它们成为法律,意味着桑胡里民法典寿终正寝,幸好未发生这样的事。危机并未结束,20世纪80年代出现的伊斯兰复兴运动使《埃及民法典》的正当性再次受到置疑。1980年,这正是《埃及民法典》在科威特受到模仿的一年,埃及颁布了新宪法,它规定伊斯兰法是立法的主要来源,由此引发了1948年《埃及民法典》与伊斯兰传统不合的有关规定的合宪性问题。1985年,埃及最高宪法法院以法无溯及力为借口,拒绝了传统主义者宣告

① 参见黄鸣鹤:《法庭的故事》,团结出版社2006年版,其中的《屈辱·冲突·抵抗·吸纳——近代中国租界领事裁判权和会审公廨制度解读》一文。以及李慧娟:《近代中国与埃及混合法庭之比较》,湘潭大学2005硕士学位论文。

② See Enid Hill, Al-Sanhuri and Islamic Law: The Place and Significance of Islamic Law in the Life and Work of 'Abd al-Razzaq Ahmad al-Sanhuri, Egyptian Jurist and Scholar, 1895－1971〔Part Ⅱ〕, In *Arab Law Quarterly*, Vol. 3, No. 2, May, 1988, pp. 210s.

承认利息的民法典第 226 条、第 227 条和第 228 条违宪的要求。①
总之,目前的《埃及民法典》活得很好,仍然作为埃及法治的脊梁骨
存在,所以,我们是作为活法,而非作为文物翻译出版这部民法典
的。

> 2007 年 10 月 9 日完稿于
> 胡里山炮台之侧,时值哥
> 伦布发现美洲 515 周年纪
> 念日前 3 天,辛亥革命 96
> 周年前夜

① 参见[埃及]侯萨姆:《以金钱为标的的债务利息》,刁颖译,载《第二
届"罗马法·中国法与民法法典化"国际研讨会论文集》,北京,1999 年 10
月,第 355 页。

颁布民法的 1948 年第 131 号法律

（公布于 1948 年 7 月 29 日《政府公报》第 108 号附刊①）

第 1 条　1883 年 10 月 28 日颁布的适用于国民法院的民法，1875 年 6 月 28 日颁布的适用于混合法院的民法，由此废止，并由本民法取代。

第 2 条　本民法自 1949 年 10 月 15 日起生效，由司法部长执行。

我们命令本民法加盖国家公章公布于《政府公报》，并作为国家的法律予以执行。

伊斯兰历 1367 年斋戒月第 9 日（1948 年 7 月 16 日）颁布于穹顶宫。②

---

①　《政府公报》（*Al Waqa'i Al Misriya*）是著名的埃及官方阿拉伯文公报，埃及国家的法律、法规通常在上面公布——译者注。

②　原文为 Qubba Palace，其中 Qubba 字面意思为"穹顶"，它常表示穆斯林国家元首、亲王、酋长或圣人的陵墓或大建筑物，Qubba Palace 现为共和国宫（Republican Palace），也是总统府。See John Alden Willianms，Urbanization and Monument Construction in Mamluk Cairo，*Muqarnas*，Vol. 2，The Art of the Mamluks，1984，pp. 33～45. Al Qubba Palace. On http://wikimapia. org/1446558/，2007-9-16——校者注。

序编　一般规定

第一章　法律及其适用

一、法律与权利

第 1 条　法律规定适用于由其字面或蕴涵的意义、其趋向和内容所涵盖的一切事项。

无可适用的法律规定时，法官应依习惯裁判；无习惯时，依伊斯兰沙里亚①原则裁判；无此等原则时，依自然法原则及公平规则裁判。

第 2 条　法律规定仅在尔后的立法明确规定了废止，或包含了与先前的立法规定不相一致的规定，或重新调整已由先前立法调整的事项的情形，方可予以废止。

第 3 条　除非法律另有规定，期限依格里历②计算。

第 4 条　合法行使权利的人应对他行使权利所造成的任何损害承担责任。

第 5 条　在下列情形下，权利的行使构成不法：

1. 仅以损害他人为目的的；

---

① 伊斯兰沙里亚（Islamic Shari'a）或简称为"沙里亚"，是以伊斯兰教义为基础的法律——译者注。

② 指教皇格里高利十三世下令改用的新历，即今天全世界通用的公历，简称"格里历"——译者注。

2. 所欲取得的利益是如此的微不足道而与由此致人的损害极其不相称的；

3. 所欲实现的利益为不法的。

二、法律的适用

时间上的法律冲突

第 6 条　有关行为能力的法律规定适用于满足该规定之条件的任何人。

依旧法规定为有行为能力的人,依新法规定无行为能力的,他先前实施的处分行为的效力不受影响。

第 7 条　关于时效的新的法律规定自施行之日起,适用于任何尚未完成的时效。

但在新的法律规定施行之前,有关时效的起算、中止及中断的任何事项均应适用旧的法律规定。

第 8 条　新法规定的时效期间短于旧法的规定的,新的时效期间自新法施行时起算,即使旧的时效期间已经起算,亦同。

但依旧法时效尚未届满的期间短于新法规定的时效期间的,则该尚未届满的期间届满时,时效完成。

第 9 条　预先规定的证据①应由该证据被确定时或应当被确定时有效的法律规定调整。

空间上的法律冲突

第 10 条　在任何具体的诉讼中发生法律冲突时,为确定所应适用的法律,有关法律关系性质的识别适用埃及的法律。

第 11 条　当事人的民事身份和能力适用其本国法;但在商事

---

①　"预先规定的证据",指由法律预先规定其证明力和判断规则的证据,法官必须据此认证不得自由裁量——译者注。

交易在埃及缔结和生效的情形下,如当事人一方是无权利能力的外国人,且此等无能力出于不明显且不易为他方当事人查知的事由,则此等事由不具有影响其权利能力的法律效力。

公司、社会团体、企业等外国法人的法律身份适用法人的实际总部所在地的法律;但此等法人在埃及设有实际总部的,应当适用埃及的法律。

第 12 条 有关婚姻效力的积极要件适用夫妻各自的本国法。

第 13 条 婚姻合同的效力,包括其对财产的任何效力,适用缔结该合同时丈夫的本国法。

片面离婚适用片面离婚时丈夫的本国法,非片面离婚和别居适用起诉时丈夫的本国法。

第 14 条 在以上两条规定的情形下,如缔结婚姻时配偶一方为埃及公民,仅适用埃及的法律,但有关结婚能力的规定除外。

第 15 条 亲属间的扶养费之给付义务适用扶养人的本国法。

第 16 条 有关监护、托管和保佐的积极事项以及有关保护禁治产人和不在人的规则,适用受保护人的本国法。

第 17 条 继承、遗嘱以及所有死后生效的处分行为均适用立遗嘱人或处分其财产的人死亡时的本国法。

但遗嘱的形式适用立遗嘱人订立遗嘱时的本国法或遗嘱订立地法。此规则亦适用于所有死后生效的处分行为的形式。

第 18 条 不动产的占有、所有权及他物权,适用不动产所在地法;动产的占有、所有权及他物权适用前述占有、所有权及他物权的取得或丧失之原因发生时此等动产的所在地法。

第 19 条 合同之债适用缔约当事人共同的住所地法;当事人的住所地不同的,适用合同缔结地法,但当事人约定或实际情况表明应适用另外的法律的除外。

但有关不动产的合同仅适用不动产所在地法。

第 20 条 活人之间的合同的形式适用合同缔结地法,也可适

用此等合同实体内容的准据法,还可适用当事人共同的住所地法或共同的本国法。

第 21 条　非合同之债适用产生此等债之行为的发生地法。

但在侵权行为之债的情形下,如此等行为在埃及实施为合法,在国外实施在行为实施国被认为非法,则不适用前款的规定。

第 22 条　管辖权规则及有关程序的所有事项适用诉讼地法或程序启动地法。

第 23 条　上述条文之规定仅在特别法或在埃及有效的国际条约中无不同规定时适用。

第 24 条　上述条文未作规定的法律冲突,适用国际私法的一般原则。

第 25 条　有关国籍不明人或数重国籍人的法律适用,由法官确定之。

但某一个人在埃及被视为具有埃及国籍,同时被一个或更多的外国视为拥有此等外国国籍的,适用埃及的法律。

第 26 条　如上述条文规定所指引的准据法所属国有数个法域,由该国的内国法确定应适用何法域的法律。

第 27 条　在确定可适用外国法的情形下,仅适用有关国内事项的规定而排除适用有关国际私法事项的规定。

第 28 条　如根据上述规定可适用的外国法违背埃及的公共秩序和道德,则不予适用。

序编　一般规定

第二章 人

一、自然人

第 29 条 自然人的权利能力始于出生,终于死亡。

但法律应认可母亲子宫内的胎儿享有权利。

第 30 条 出生和死亡须登记于特定的法定登记簿。

无上述证据或登记簿内的记载有误的,可由任何其他证据证明之。

第 31 条 出生和死亡的登记和宣告适用特别法。

第 32 条 就失踪人和不在人事宜,适用特别法的规定,没有此等特别法的,适用伊斯兰沙里亚法的规定。

第 33 条 埃及国籍事宜由特别法调整。

第 34 条 家由具有亲属关系的人组成。

相互间有共同尊亲者为亲属。

第 35 条 直系亲属关系为尊卑亲属之间的关系。

旁系亲属关系为具有共同的尊亲属的人之间的关系,此等人中的任一人都不是其他人的卑亲属。

第 36 条 直系亲属关系的亲等应算入上溯至尊亲属的每一亲支的亲等,但该尊亲属本身除外;旁系亲属关系的亲等应从某一亲支上溯至共同尊亲,再从共同尊亲下数至另一亲支,除共同尊亲外,每一亲支算作一亲等。

第 37 条 配偶一方的亲属被视为配偶他方的同一亲系和亲等的亲属。

第 38 条 每个人都应有一个名字和一个姓氏,父亲的姓氏将赋予其子女。

第 39 条 姓氏的取得和更改的方式适用特别法。

第40条　住所指某人惯常居住的地方。

一个人可同时拥有一个以上的住所，也可无任何住所。

第41条　某人从事交易或营业的地点，被视为该人实施的与前述交易或营业有关的营业管理活动的住所。

第42条　未成年人、禁治产人、失踪人或不在人的住所为合法代理他们的人的住所。

但年满18周岁的未成年人以及处于类似法律情势的人，就其能力范围内实施的行为和处分，应当有特别住所。

第43条　特别住所仅以书面的方式确定。

选定的住所仅以书面的方式确定。

为履行法律行为而选定的住所，是包括强制执行程序在内与该法律行为有关的所有事项的住所，但当事人明确约定该选定的住所不适用法律行为之外的其他事项的除外。

第44条　任何达到成年年龄且未被宣告为禁治产人的心智健全者，均有行使民事权利的完全行为能力。

成年年龄为21周岁。

第45条　因年幼、精神耗弱或心神丧失缺乏辨别能力的人，不能行使其民事权利。

未满7周岁的人，被视为无辨别能力。

第46条　达到有辨别能力年龄的未成年人以及已成年的鲁莽人①或智障，被视为具有法律规定的限制行为能力。

第47条　根据具体的情形，无民事行为能力人或限制行为能力人依法定的规则和条件适用有关监护、监管或保佐的规定。

第48条　任何人不得放弃其权利能力，也不得更改关于此等能力的规则。

第49条　任何人不得抛弃其人身自由。

———————————

①　"鲁莽人"，指具有轻率疏忽的个性的人——译者注。

第 50 条　　自身所固有的权利受到不法侵害的当事人,有权请求停止侵害并赔偿他由此遭受的损失。

第 51 条　　名字的使用受到他人无正当理由质疑或其名字被他人不法使用的当事人,有权请求停止侵害并赔偿他由此遭受的损失。

二、法 人

第 52 条　　法人是:

1.国家,依法律规定的条件设置的省、市、村,以及法律授予其法律人格的行政机关、服务机构和其他公共机构;

2.国家承认其法律人格的宗教团体及其派系;

3.瓦克夫;①

4.商事和民事公司;

5.依本法下述规定设立的社会团体和机构;

6.任何其法律人格受法律认可的人或财产的集合。

第 53 条　　在法律规定的限度内,法人享有除依其性质只能由自然人享有的权利之外的一切权利。

法人应具有:

1.自己的财团。②

2.其设立文书或法律规定的限度内的行为能力。

3.起诉的权利。

4.独立的住所:法人的住所为其管理机构所在地;但总部在外国而在埃及开展活动的法人,根据其本国法,该总部所在地视为该法人的管理机构所在地。

法人须有一名表达其意思的代表人。

①　原文为 Waqfs,指用于宗教或慈善事业的实产或资金——译者注。

②　"财团",即主体所有的一切积极财产和消极财产的总和——译者注。

第 54 条至第 80 条　包括第 54 条和第 80 条在内由 1956 年第 384 号总统令废止(公布于 1956 年 11 月 3 日《政府公报》)

第三章　物与财产的分类

第 81 条　所有依其性质或法律的规则并非不得交易之物均可成为财产权的客体。

依其性质不得交易之物指不能由任何人排他占有之物,依法律规定不得交易之物指依法不得作为财产权客体之物。

第 82 条　被牢固地建立和固定于其范围、非经毁损不能移动的物,为不动产;不动产之外的物为动产。

但不动产所有权人以为不动产提供服务或利用此等不动产的目的,放置于该不动产上的归他所有的动产被特别地视为不动产。

第 83 条　包括所有权在内的所有的不动产物权,以及所有有关不动产物权的诉权,均被视为不动产。

所有其他的财产权被视为动产。

第 84 条　消费物指依其使用的目的仅限于消费或处分的物。

所有被放置于交易场所的物均被视为消费物。

第 85 条　种类物指可相互替代给付的,人们在交易中通常以数量、尺寸、体积或重量予以计算的物。

第 86 条　有关无体物的权利由特别法调整之。

第 87 条　(由 1954 年第 331 号法律修改,公布于 1954 年 6 月 17 日《政府公报》第 47 号附刊)依据常例或根据法律、法令或相关部长的命令拨付给公用事业的国家或公法人所有的不动产和动产,被视为公产。

公产不得被处分、扣押,也不能通过时效取得。

第 88 条　(由 1954 年第 331 号法律修改,公布于 1954 年 6

序编　一般规定

月 17 日《政府公报》第 47 号附刊）当停止为公共利益配置时，公产将被剥夺其此等身份；根据法律、法令、相关部长的命令，或依据常例，或因公产因之被为公共利益配置的目标终止，上述为公共利益的配置发生终止。

第一编　债或对人权

第一分编　债的一般规定

第一题　债的发生根据

第一章　合　同

一、合同的要件

同　意

第 89 条　双方当事人意思表示一致且符合法律规定的合同成立的特别要件时，合同成立。

第 90 条　意思表示可以以口头形式、书面形式和通常采用的表意方式作出，也可以在对表意人的真意不产生任何疑问的情形以行为的方式作出。

意思表示也可以是默示的，即使法律没有相关规定或当事人未就沉默作为意思表示达成一致，亦同。

第 91 条　意思表示自受领人了解时生效，意思表示的到达被视为到达受领人。意思表示到达即推定它为受领人了解，但有另外的证据的除外。

第 92 条　表意人在他作出的意思表示生效前死亡或丧失行为能力的,如该意思表示已为受领人了解,其效力不受影响,但该意思表示或交易的性质揭明相反结果的除外。

第 93 条　如要约规定了承诺期限,要约人在该承诺期限届满前受其要约约束。

承诺期限可依交易的具体情况或性质推定。

第 94 条　在协商合同时发出的无承诺期限的要约,如未获即时的承诺,要约人不再受该要约约束;以电话或其他任何类似方式作出的要约,亦适用同一规则。

但如无任何迹象表明在发出要约与作出承诺的期间中要约人已撤回其要约,而于合同协商结束前受要约人已作出承诺,合同即告成立,即使承诺不是即时作出,亦同。

第 95 条　当事人双方就合同的基本条款已达成一致,而留有细节事项待以后协商,且未规定此等事项达不成一致合同就不成立的,合同视为已成立;就此等尚未达成一致的事项产生争议的,法院应根据交易的性质、法律的规定、习惯和公平原则予以确定。

第 96 条　对要约进行添加、限制或变更的承诺被视为拒绝,并构成新要约。

第 97 条　除非另有约定或法律另有规定,非当面订立的合同,以要约人知晓承诺的地点和时间为合同成立的地点和时间。

承诺到达要约人的地点和时间,推定为要约人知晓该承诺的地点和时间。

第 98 条　交易的性质、通常的商业习惯或其他具体情况表明要约人不能期望得到承诺表示的,如在合理的期限内要约未被拒绝,合同被视为成立。

要约涉及当事人之间先前的交易关系或纯为受要约人利益的,受要约人的沉默被视为承诺。

第 99 条　拍卖合同仅在拍定时成立;竞买人一方的报价因他

方竞买人更高的竞价而失效,即使后者无效亦同。

第 100 条　附合合同的受要约人仅限于根据要约人预先提供的不得协商的条件作出承诺。

第 101 条　如当事人双方或一方同意于将来订立某一特定合同,仅在所有有关合同的基本条款以及订立合同的日期均已确定时,该预约发生效力。

法律规定必须采用特定形式订立合同的,订立该合同的预约亦应采用此等形式。

第 102 条　预约合同的当事人一方拒绝履行合同,且他方缔约当事人对他提起诉讼要求强制执行允诺的,如合同的成立要件尤其是形式要件具备,法院应以判决取代合同。

第 103 条　订立合同时给付定金的,任何一方均有权解除合同,但另有约定除外。

给付定金一方解除合同的,丧失定金;接受定金一方解除合同的,应双倍返还定金。即使未造成任何损失,亦适用上述规定。

第 104 条　合同由他人代理订立的,在查证同意的瑕疵、预见到或明确推定预见到某些特定情况的效果时,应予考虑的是代理人而不是委任人。

但代理人按委任人的具体的指示实施行为的,委任人不能以其代理人对他知道或必须知道的情况不知情来推卸责任。

第 105 条　代理人在其被授权的范围内,以委任人的名义订立合同的,该合同产生的权利义务归属于委任人。

第 106 条　缔约当事人在订立合同时未披露自己系代理他人订立合同的,合同的效果不应归属于委任人而使委任人成为债务人或债权人,但能明确推定合同相对方知晓该代理关系的存在,或合同相对方与代理人还是与委任人交易无关紧要的除外。

第 107 条　订立合同时代理人和第三人均不知道代理关系已终止的,该合同产生的权利义务效果归属于委任人或其合法的相

第一编　债或对人权

13

续人。①

第 108 条　未经委任人授权，代理人不得以自己的名义为自己或为任何第三人的利益订立合同；但在此等情形，适当遵守了法律或商业惯例的另外规定的，委任人可作出追认。

第 109 条　除非其能力依法被剥夺或受限制，任何人均有订立合同的行为能力。

第 110 条　无辨别能力的未成年人无权处分其财产，他实施的任何处分行为均属无效。

第 111 条　有辨别能力的未成年人的财产处分行为如使他纯获利益，则有效；如使他完全受损，则无效。

如财产处分行为有利于未成年人，但该处分行为同时使他获利和受损，该处分行为可撤销；未成年人于成年后追认，或其监护人或法院依法追认的，撤销权消灭。

第 112 条　年满 18 周岁且有辨别能力的未成年人，被允许为管理行为而占有其财产或已依法定规则占有其财产的，在法律规定的限度内他实施的管理行为有效。

第 113 条　心神丧失者、精神病人、智障和鲁莽人应被禁治产，此等禁治产宣告由法院依照法定的规则和程序作出。

第 114 条　心神丧失者或精神病人在禁治产令登记之后实施的处分行为无效。

此等禁治产人在禁治产令登记之前实施的处分行为有效，但在订立合同时其心神丧失或精神病患的状态已众所周知或为相对方知晓的除外。

第 115 条　智障或鲁莽人在禁治产令登记之后实施的处分行为，适用关于有辨别能力的未成年人的规定。

---

① "相续人"，指以某种名义得到被继承人遗产的人，这类人可以是继承人，也可以是受遗赠人——译者注。

此等人在禁治产令登记之前实施的处分行为既非无效亦非可撤销,但该行为是利用行为或串通行为的结果的除外。

第116条　鲁莽或智障的禁治产人经法院许可实施的瓦克夫财产处分或遗嘱处分有效。

鲁莽的禁治产人被许可占有其财产的,他在法律规定的限度内实施的管理行为有效。

第117条　聋哑人或盲哑人因身体缺陷不能表达自己的意思的,法院可在为其利益所需要的处分行为中,为他任命一名司法援助人。

在司法援助令登记之后,此等接受援助的人未经协助而实施的属于司法援助范围的任何处分行为均属无效。

第118条　监护人和保佐人在法律规定的限度内实施的处分行为有效。

第119条　限制行为能力人可申请宣告合同无效,但他以欺诈方式隐瞒其行为能力真相的,不免除其损害赔偿责任。

第120条　合同当事人一方发生重大错误,他方当事人与他一样发生同样重大的错误,或知道或本可轻易发现该错误的,他可申请宣告合同无效。

第121条　错误达到如果它不发生,当事人就不会订立合同的程度的,构成重大错误。

下列错误尤其被视为重大错误:

1.对缔约当事人认为必不可少的物之品质,或根据合同所存在的具体情况和交易中应具有的诚信须认为必不可少的物之品质发生的错误;

2.对缔约当事人的身份或资格发生的错误,且该缔约当事人的身份或资格构成缔约的主要原因。

第122条　除非法律另有规定,如对事实发生的错误满足前两条规定的事实错误的条件,法律上的认识错误导致合同可撤销。

第 123 条 合同的效力不受单纯的计算错误或书写错误影响,在此等情形下,错误应予更正。

第 124 条 当事人一方不得以有悖于诚信原则的方式利用自己的错误获利。

如相对方表示已准备履行合同,错误方仍受他意欲订立的合同约束。

第 125 条 如当事人一方或其代理人作出虚假陈述,其严重程度足以使相对方在没有该陈述时将不会订立合同,合同基于欺诈而可撤销。

如当事人一方对事实或有关情况故作沉默,而被隐瞒方如知道该事实或有关情况就不会订立合同,此种沉默被视为欺诈。

第 126 条 合同当事人之外的第三人为欺诈时,受欺诈方仅在他能证明合同相对方知道该欺诈的情形下,方可申请宣告合同无效。

第 127 条 一方在他方非法施加威胁而产生合理的恐惧的压力下订立合同的,该合同基于胁迫而可撤销。

具体情况使援引恐惧事由的当事人认为自己或他人的生命、身体、名誉或财产将遭受严重而紧迫的危险的,此等恐惧被视为合理的恐惧。

胁迫程度的确定,应考虑受胁迫方的性别、年龄、社会地位、健康状况以及其他影响胁迫强度的情况。

第 128 条 合同当事人之外的第三人为胁迫时,受胁迫方仅在他能证明合同相对方知道或应当知道该胁迫的情形下,方可申请宣告合同无效。

第 129 条 如当事人一方负担的债务与他从合同中获得的利益或与相对方负担的债务相比明显不相称,且有证据证明在订立合同中相对方利用了受损害方明显的轻率或失控的冲动,法官可经受损害方请求,宣告合同无效或减轻其债务。

前款规定的诉讼应自合同订立之日起 1 年内提出,否则法院不予受理。

有偿合同的一方当事人可采用支付经法官确认的足以弥补受损害方非常损失之金额的方式,避免合同被宣告无效。

第 130 条　第 129 条仅在不违反法律就特定合同中的非常损失或利率的非常损失所作的规定的条件下适用。

客体

第 131 条　将来之物可作为债之客体。

但除法律规定的情形外,对生存之人的遗产所作的交易无效,即使该人给予了同意,亦同。

第 132 条　债之客体本身为不能之给付的,合同无效。

第 133 条　债之客体的本体未为确定时,应确定其种类和数量,否则合同无效。

如合同已约定确定客体数量的方法,则只需确定客体的种类。如当事人没有约定客体的质量,且此等质量根据习惯或其他实际情况也无法予以确定,债务人应交付中等质量的物。

第 134 条　如债之客体为一定数额的金钱,债务人应受合同约定数额的金钱约束,不受债务履行时货币升值或贬值的影响。

第 135 条　违背公共秩序或道德的债之客体无效。

原因

第 136 条　合同无原因或其原因违背公共秩序或道德的无效。

第 137 条　除非有另外的证据,债被视为具有合法原因,即使合同没有规定原因,亦同。

除非有相反的证据,合同规定的原因被推定为真实的原因;但有证据表明该原因为虚假时,主张债务具有另一合法原因的当事

人负举证责任。

无效

第 138 条 法律赋予合同当事人一方撤销合同的权利的,相对方不得利用这一权利使自己获利。

第 139 条 撤销合同的权利因当事人明示或默示地追认合同而消灭。

追认合同的效力溯及至合同缔结之时,但不得损害第三人的权利。

第 140 条 撤销合同的权利因撤销权人在 3 年内不行使而消灭。

前款规定的期限,在权利人为限制行为能力人的情形下,自限制行为能力的事由终止之日起算;在错误或欺诈的情形下,自错误或欺诈被发现之日起算;在胁迫的情形下,自胁迫终了之日起算。但在任何情形,如自合同成立之日起经过了 15 年,不得以错误、受欺诈或受胁迫为由撤销合同。

第 141 条 如合同无效,任何利害关系人均可主张其无效,法院亦可主动宣告其无效;当事人的追认不使其有效。

主张合同无效的诉讼时效期间为 15 年,该期间自合同成立之日起算。

第 142 条 合同被撤销或无效时,合同当事人应回复至合同订立前的状态。如不能回复原状,应被判予相应的损害赔偿。

但如合同因当事人为限制行为能力人而被撤销,该限制行为能力人仅需返还因合同的履行所获得的利益。

第 143 条 合同部分无效或被撤销的,仅该部分无效,但如果缺少该无效或被撤销的部分合同即不能成立,合同全部无效。

第 144 条 无效或被撤销的合同规定了另一合同的要件,且事实表明合同当事人同意订立该另一合同的,它因此等要件已获

满足而被视为有效。

二、合同的效力

第 145 条 在不违反继承规则的条件下,合同对当事人双方及其概括相续人发生效力,但合同、交易的性质或法律的规定表明合同对当事人的概括相续人不发生此等效力的除外。

第 146 条 就尔后转移至特定相续人的物设定了合同债务和债权,且此等债务和债权为该合同的必备要素的,如该特定相续人在受让该物时知晓此等情形,则在该物之所有权移转于他时,此等债务和债权一并移转。

第 147 条 合同是当事人的沙里亚[①],不可撤销或变更,但经当事人双方同意或另有法定事由的除外。

如意外事件导致合同债务的履行虽非不能,但将使债务人承受重大损失之沉重负担,法官可根据具体情况,在平衡当事人双方的利益之后,将该沉重债务减轻至合理的程度。任何另外的约定,均属无效。

第 148 条 合同应按照其内容并以符合诚信要求的方式履行。

合同当事人不仅受其合同内容约束,而且受根据债的性质,为法律、习惯和公平所认为的该合同的先决条件约束。

第 149 条 如附合合同规定了专断的条款,法官应按照公平原则予以变更或使附合方免受其约束。任何另外的约定,均属无效。

第 150 条 如合同措辞的意思清晰,不得脱离此等措辞以解释的方式确定当事人的意思。

但合同如需解释,不应拘泥于其措辞的字面含义,而应根据交

---

① “沙里亚”(Shari'a)指伊斯兰教教法,译音“沙里亚”——译者注。

易的性质和交易中通常的商业习惯所要求的当事人的忠诚和信任,来探求当事人的共同意思。

第 151 条　对所存疑问的解释,应有利于债务人。

但对附合合同的含义模糊的措辞所作的解释,不可损害附合方的利益。

第 152 条　合同不得设定约束第三人的债务,但可设定有益于他们的权利。

第 153 条　使第三人履行某项特定债务的承诺,不约束该第三人。如该第三人拒绝负担此等债务,作出前述承诺的人应向合同相对方作出赔偿。但他也可以通过自己履行债务而免于承担此等赔偿。

但第三人接受债务约束的,该接受自他作出表示之日起生效,但他明示或默示地表示接受的效力应溯及至前述承诺作出之时的除外。

第 154 条　对债务的履行具有人身、精神或物质利益的当事人,均可以以自己的名义在合同中指定此等债务之履行是为第三人的利益。

除非另有约定,此等指定授权该第三人直接对抗承诺履行债务的当事人,并直接请求后者履行债务;承诺履行债务的当事人可向该受益人主张合同所产生的抗辩。

指定人亦可请求前述他指定的为受益人利益的债务之履行,但合同表明仅受益人可请求履行的除外。

第 155 条　仅指定人自己,不包括他的债权人和继承人,可撤销此等为第三人利益的指定,但撤销须在受益人向债务人或指定人表示愿意接受所被指定的利益之前作出,且不得违反合同的性质。

除非另有明示或默示约定,撤销指定不免除债务人对指定人的义务。指定人可另行指定受益人以替代前一受益人,也可自己

保有该所指定的利益。

第 156 条　在指定第三人为受益人的情形下,该受益人可以是将来的个人或组织,也可以是合同订立时尚未指明的个人或组织,但以在合同依指定生效时受益人的身份可予以确定为限。

三、合同的解除

第 157 条　双务合同中的任何一方当事人不履行其债务的,相对方在向债务人作出催告后,可申请履行合同或解除合同,并请求赔偿相应的损失。

法官可根据具体情况给予债务人一定的宽限期。如债务的未履行部分与债务之整体相比微不足道,法官可驳回解除合同的申请。

第 158 条　当事人可约定,在合同债务未被履行时,合同被视为当然地解除;在此等情形下,无须经法院作出决定。前述协议不免除当事人履行正式的催告义务,但他们明确约定免于此等催告的除外。

第 159 条　如双务合同中一方当事人的债务因履行不能而消灭,对待债务亦告消灭,合同当然地解除。

第 160 条　合同一经解除,当事人应回复至其订立合同前的状态。无法回复原状的,法院可判予损害赔偿。

第 161 条　双务合同中的对待债务的履行期限均已届满的,一方当事人不履行其债务,对方当事人可拒绝履行其对待债务。

第二章　单方允诺

第 162 条　向公众作出就完成某特定行为而给付报酬的允诺的当事人,应向完成此等特定行为的人给付报酬,即使该行为人并未考虑或不知晓此等给付报酬的允诺而实施了行为,亦同。

第一编　债或对人权

允诺人未规定履行该特定行为的期限的,可以以公告的方式撤回其允诺,但其撤回不得对抗已完成该指定行为的权利人。请求给付报酬的权利的诉讼时效期间为 6 个月,自撤回声明公布之日起算。

第三章　不法行为

一、自己行为所生之责任

第 163 条　任何人均应对其过错造成的他人损害承担赔偿责任。

第 164 条　有辨别能力人均应对其不法行为承担责任。

但在损害是由无辨别能力人造成的情形下,如无人对他承担责任或无法从责任人处获得赔偿,法官可考虑双方当事人的实际情况,指令加害人给予合理的赔偿。

第 165 条　一人能证明损害系由意外事件、不可抗力等无法控制的原因所致,或可归咎于受害人或第三人的过错的,他可免于承担赔偿责任,但法律另有规定或当事人另有约定的除外。

第 166 条　为保护自己或第三人的人身或财产而实施正当防卫者,对其在必要限度内实施的此等防卫造成的他人损害不承担责任。但此等防卫超出必要限度的,行为人应赔偿依公平原则确定的损害。

第 167 条　公职人员实施的行为造成他人损害的,如该行为是遵照他必须服从或他认为必须服从的上级命令而实施,且他能证明他基于合理的理由认为他实施的该行为是合法的并尽了合理的注意,就不承担损害赔偿责任。

第 168 条　在情况紧急的情形下,为避免本人或第三人免受更大损害而致他人损害者,只承担法官依公平原则确定的赔偿责

任。

第 169 条　数人对造成损害的行为负有责任的,应对该损害承担连带赔偿责任;除非法官已确定其各自赔偿责任的大小,他们应平均分担之。

第 170 条　法官应按第 221 条与第 222 条的规定,根据具体情形确定弥补受害人所遭受的损害的赔偿;判决作出时仍无法明确认定损害范围的,法官应授予受害人保留在特定期限内请求重新确定损害范围的权利。

第 171 条　法官应根据具体情况确定赔偿方式;赔偿方式既可以是分期付款,也可以是支付定期金;但无论确定以此两种方式中何种方式支付,均应责令债务人提供担保。

赔偿应依货币计算;但法官可经受害人申请,根据具体情况,判令回复原状或履行与不法行为有关的行为以为赔偿。

第 172 条　不法行为损害赔偿的诉讼时效为 3 年,自受害人知道损害和侵权责任人之日起算。在任何情形下,自不法行为发生之日起经过 15 年,损害赔偿的诉讼时效归于消灭。

但如刑事犯罪的追诉时效期间超过上述时效期间,该刑事犯罪产生的损害赔偿的诉讼时效仅因该犯罪行为的追诉时效届满而消灭。

二、他人行为所生之责任

第 173 条　依法律或约定,担任因未成年或精神状况或身体状况而需要监护的人的监护职责者,应对被监护人的不法行为对第三人造成的损害承担赔偿责任;即使加害人不具备辨别能力,前述责任亦归监护人承担。

未满 15 周岁的未成年人或虽已满 15 周岁但仍受其扶养义务人照管的未成年人,被视为需要监护。如未成年人处于学校教师的监护之下,或处于交易负责人的监护之下,则对他的监护移转至

第一编　债或对人权

23

该教师或交易负责人。未成年的妻子由其丈夫或其丈夫的监护人监护。

监护人能证明自己已履行监护职责或即使以适当的注意履行监护职责仍无法避免发生损害的,免于承担赔偿责任。

第 174 条　雇主应对其雇员在执行职务过程中或因履行职务实施的不法行为造成的损害,承担赔偿责任。

雇主虽无选择雇员的自由,但对雇员有事实监督权的,他与雇员之间雇佣关系仍成立。

第 175 条　对他人的行为承担责任的人,在他承担赔偿责任的范围内对加害人有追偿权。

三、物件所生之责任

第 176 条　动物管理人即使非为动物的所有人,亦应对他管理的动物造成的损害承担责任,即使动物已走失或逃离,亦同;但该管理人能证明事故系由他无法控制的原因引起的除外。

第 177 条　建筑物看管人即使非为建筑物的所有人,亦应对包括部分倒塌在内的建筑物倒塌造成的损害承担责任,但看管人能证明事故系由不可归因于他照管的疏忽或建筑物的年限或瑕疵的原因引起的除外。

受建筑物倒塌危险威胁的人,有权请求该建筑物的所有人采取必要的措施消除危险。所有人未采取必要措施的,他可经法院许可自行采取预防措施,费用由所有人承担。

第 178 条　需要特殊照管的物件的监管人或机械设备的监管人,应对此等物件所致的损害承担民事责任,但在不违反有关特别规定的条件下,监管人能证明损害系由他无法控制的原因引起的除外。

第四章　无因得利

第179条　任何人即使他无辨别能力，无法律上的原因获得利益而使他人受有损失的，应在他获得的利益范围内补偿受损方由此所受的损失。即使此等得利嗣后消灭，亦同。

第180条　无因得利返还请求权的诉讼时效为3年，自受损方知道其返还请求权之日起算；但在任何情形下，自该权利产生之日起经过15年，此等权利的诉讼时效归于消灭。

一、非债清偿

第181条　受领非债清偿的人应返还他取得的此等清偿。

但受领人无须返还清偿人明知无清偿义务的清偿，但清偿人为限制行为能力人或是受胁迫为清偿的除外。

第182条　清偿人清偿其原因未获实现的或其原因在实现后即不复存在的债的，可请求返还此等非债清偿。

第183条　清偿人不知道债之清偿期尚未届满而予清偿的，同样可请求返还此等非债清偿。

但债权人仅在债务人所受损失的范围内返还他因债务人提前履行债务所获得的利益。如此等尚未届清偿期的债务为一定数额的金钱，债权人应返还该笔金钱在清偿期尚未届满的期间内按法定或约定利率计算的利息。

第184条　在债务人之外的第三人履行债务的情形下，如债权人因该履行诚信地放弃债权证书或他获得的担保，或他起诉真正的债务人的权利因未行使而诉讼时效期间届满，债权人无须返还此等提前清偿。在此等情形下，真正的债务人应赔偿履行债务的第三人所受的损失。

第185条　诚信地受领非债清偿的人，仅需返还其受领范围

第一编　债或对人权

25

内的给付。

未到期债务的恶信受领人，还应返还自清偿之日起或其恶信产生之日起他收取或疏于收取的不当受领之物所生的利息和利润。

在任何情形下，受领非债清偿的人均须返还自被起诉之日起不当受领之物所生的利息和利润。

第 186 条　受领非债清偿的人不具有订立合同的行为能力的，他仅在其获得的利益的范围内负返还义务。

第 187 条　请求返还非债清偿的诉讼时效为 3 年，自权利人知道其返还请求权之日起算。在任何情形下，自该权利产生之日起经过 15 年，此等诉讼时效归于消灭。

二、无因管理

第 188 条　一人无任何义务，主动为他人的利益管理紧急事务的，为无因管理。

第 189 条　管理人在管理自己的事务的过程中，由于自己的事务与他人的事务具有不可分开管理的内在联系而管理他人事务的，亦构成无因管理。

第 190 条　如本人追认管理人的管理行为，适用关于委任的规定。

第 191 条　管理人应将他已开始实施的管理持续至本人能自行管理之时；在他能够作出汇报的情况下，还需向本人汇报他介入的管理。

第 192 条　管理人应以一般人的注意管理事务，并对其过失承担责任；但法官可考虑具体情况减轻管理人的过失造成的损害的赔偿金额。

管理人将其管理的事务全部或部分委托他人管理的，他应对其代理人的行为承担责任，但本人直接追诉该代理人的权利不受

影响。

共同管理同一事务的数管理人应对他们的管理行为承担连带责任。

第 193 条 对于返还他因无因管理取得之物以及提供事务管理的账目,管理人应承担代理人的相同义务。

第 194 条 在管理人死亡的情形下,其继承人应承担第 717 条第 2 款规定的代理人的继承人的相同义务。

在本人死亡的情形下,管理人仍应对本人的继承人承担他对本人承担的相同义务。

第 195 条 在管理过程中管理人尽了一般人的注意的,他被视为本人的代理人,即使管理未取得预期效果,亦同。在后一情形下,本人应履行管理人为其利益而设定的合同义务,偿付管理人由此承担的债务金额,及管理人支出的具体情况所需要的必要和有益的费用,以及此等费用自支出之日起算的利息;本人还应赔偿管理人因管理行为遭受的损失。除管理系管理人的职业行为外,管理人无权就其管理请求给付报酬。

第 196 条 无缔约能力的管理人,仅在他所受利益的范围内承担责任,但其责任系由不法行为导致的除外。

本人即使无缔约能力,亦应承担全部责任。

第 197 条 无因管理的诉讼时效为 3 年,自各方当事人知道其权利之日起算;在任何情形下,自权利产生之日起经过 15 年,此等诉讼时效归于消灭。

第五章　法律的规定

第 198 条 仅依法律之规定直接产生的债,适用设立此等债的法律规定。

第二题　债的效力

第 199 条　可强制债务人履行债。

但不得强制履行自然之债。

第 200 条　法律未作规定时,由法官确定是否存在自然之债。在任何情形下,自然之债不得违反公共秩序。

第 201 条　对以清偿自然之债为目的而为的自愿履行,债务人不可请求返还。

第 202 条　自然之债可作为民事之债的有效原因。

第一章　实际履行

第 203 条　经第 219 条和第 220 条规定的催告的债务人,如债务的履行为可能,应实际履行其债务。

但如实际履行使债务人的负担过重,在不造成债权人重大损失的条件下,债务人可以以现金赔偿的方式履行债务。

第 204 条　在没有违反有关的登记规则的情形下,如债的客体为债务人所有的特定物,旨在移转该物所有权或他物权的债当然地发生移转此等权利的效力。

第 205 条　旨在移转物权的债针对种类物的,则仅在该物被特定化时该物权发生移转。

如债务人不履行债务,债权人可经法官许可之后,或在紧急情况下不经法官许可,以债务人的费用取得另一同种类的物;债权人还可请求给付此等物的价值,在这两种情形,债权人的损害赔偿请求权均不受影响。

第 206 条　移转物权的债,包括债务人交付物(有体的)以及在交付前保管此等物的义务。

第一编　债或对人权

第 207 条　负有移转物权或履行一定行为的债务人,经债权人催告之后,仍未履行交付物的义务的,他应承担该物之灭失的风险;即使在催告之前该物之灭失的风险由债权人承担,亦同。

但债务人如能证明物即使已交付债权人占有仍会灭失,他即使已受催告亦不承担此等物灭失的风险,但他自愿承担意外事件的后果的除外。

在任何情形下,盗贼均应对盗窃物的毁损或丢失承担责任。

第 208 条　根据当事人的约定或债务的性质,债务应由债务人本人亲自履行的,债权人可拒绝债务人之外第三人的履行。

第 209 条　债务人不履行债务的,如债务的履行为可能,债权人可申请法院许可以债务人的费用履行债务。

在紧急情形下,债权人可不经法院许可,以债务人的费用履行债务。

第 210 条　在作为之债的情形下,如债的性质允许,法官的判决应取代债之履行。

第 211 条　除非协议或法律另有规定,作为之债的债务人负有妥善保管或管理物的义务或履行债务应谨慎的,如债务人尽到了一般人的注意,债之预期目的即使未获满足,债务亦被视为已经履行。

在任何情形下,债务人仍对其任何欺诈或重大过失行为承担责任。

第 212 条　在债务人违反不作为之债的情形,债权人可请求消除债务人实施的违反此等债的行为,还可申请法院许可以债务人的费用消除之。

第 213 条　对于只能或只适合于债务人本人实际履行的债务,债务人拒绝履行的,债权人可取得责令债务人履行并支付违约金的法院判决。

如法官认为违约金的数额不足以促使债务人履行债务,每次

他均可在必要时增加违约金。

第 214 条　如债的实际履行已经完成或债务人拒绝履行债务,法官应适当考虑债权人所受的损害以及债务人拒绝履行的表现确定债务人支付赔偿金的数额。

第二章　等效履行

第 215 条　债务人不能实际履行债务的,应判令债务人对其不履行行为造成的损害承担赔偿责任,但债务人能证明其不能履行系因他无法控制的事由造成的除外;债务人迟延履行债务的,亦应作出同样的判决。

第 216 条　债权人因其过失造成损害或使损害扩大的,法官可减少赔偿的金额或拒绝准予赔偿。

第 217 条　当事人可约定意外事件或不可抗力的风险责任由债务人承担。

同样地,当事人也可约定债务人免于承担因不履行合同义务所生的一切责任,但因债务人故意或重大过失产生的责任除外。不过债务人可明确表示不承担为其履行债务的受雇人的故意或重大过失产生的责任。

免除不法行为责任的任何约定,均属无效。

第 218 条　除非有另外规定,债务人仅在已受催告的情形下才承担赔偿责任。

第 219 条　对债务人的催告应以通知或其他替代方式作出;通知可以以《民事诉讼法》规定的邮政通讯方式作出,当事人也可约定无须履行任何其他形式而仅以一定期限之届满即视为债务人已受催告。

第 220 条　在下列情形下,无须催告债务人:

1. 因债务人的行为发生履行不能或债务履行已丧失意义的；

2. 债之客体是产生于不法行为的损害赔偿的；

3. 债之客体是返还债务人所明知的被盗物或他明知对之不享有权利却接受的物的；

4. 债务人书面表示不打算履行债务的。

第 221 条　如合同或法律未规定赔偿金额，法官应确定之；赔偿金额包括债权人可得利益的损失，但以此等利益是债务不履行或迟延履行产生的自然结果为限。债权人采取合理措施仍无法避免的损害被视为此等自然结果。

但对于合同之债，没有故意或重大过失的债务人仅对订立合同时通常可预见到的损害承担赔偿责任。

第 222 条　赔偿还包括精神损害赔偿，除非另有约定或债权人在诉讼中提出精神损害赔偿主张，精神损害赔偿不可移转于第三人。

但仅对因受害人死亡而遭受痛苦的死者的配偶以及死者的两亲等以内的亲属，判予精神损害赔偿。

第 223 条　合同当事人可在合同中或嗣后的协议中预先确定赔偿金额，在此等情形下，适用第 215 条至第 220 条的规定。

第 224 条　如债务人能证明债权人未受任何损害，约定的赔偿金额不予适用。

如债务人能证明约定的赔偿金额过高或主债务已部分履行，法官可减少此等赔偿金额。

有悖于上述两款规定的任何约定，均属无效。

第 225 条　损害大于约定的赔偿金额的，除非能证明债务人有故意或重大过失，债权人不可请求高于该约定的赔偿金额的赔偿。

第 226 条　债的客体为一笔金钱，而其数额在请求支付时才确定的，如债务人迟延支付，他应在民事案件中向债权人支付 4％

的迟延利息,在商事案件中支付 5% 的迟延利息作为赔偿,此等利息自在诉讼中被主张之日起算,但以约定或商业惯例未规定其他起算日为限。上述规定适用于法律未作相反规定的任何情形。

第 227 条 合同当事人可就迟延履行或在任何其他约定利息的情形下另行约定利率,但该约定的利率最高不得超过 7%,高于 7% 的,应减至 7%,超过的部分应予返还。

债权人规定的任何种类的佣金或利益加上约定利息超出上述最大限值的,如有证据证明此等佣金或利益与债权人提供的实际服务无关或为非法利益,则它们被视为变相的利息,并因此可予缩减。

第 228 条 法定的或约定的迟延利息,无须债权人证明他因迟延履行而受有损害,均应适用之。

第 229 条 债权人在他主张权利时恶信拖延诉讼的,法官可减少约定的或法定的利息,或拒绝判予诉讼被不合理拖延的整个期间的利息。

第 230 条 在分配作为强制出卖的客体的物的价金时,被允许参与分配的债权人在拍定后无权取得他们被分得的款项部分的迟延利息,但买受人有义务支付价金的利息或法院财库因提存此等价金而有支付利息义务的,不在此限,在此等情形下,债权人获得的利息以买受人或法院财库应支付的利息为限;此等利息应按比例分配给全体债权人。

第 231 条 如能证明超过利息部分的损害系由债务人的恶信所致,债权人可请求利息之外的补足性的赔偿。

第 232 条 除非商业规则或习惯另有规定,未付的利息不可再生利息,在任何情形,债权人收取的利息总额不可超过本金。

第 233 条 活期存款的法定商业利率应以其所在地的利率为准,活期存款的复利的计算应适用商业惯例。

第三章　债权的实现与担保方式

第 234 条　债务人以其所有的全部财产担保债务的履行。

所有债权人同等地享受前款规定的担保,但依法享有优先权者除外。

一、债权的实现方式

第 235 条　包括债权未届清偿期的债权人在内的一切债权人,均可以以债务人的名义行使属于债务人的一切权利,但属债务人的纯粹人身性权利或不得扣押的权利除外。

债权人仅在证明债务人不行使其权利且债务人不行使其权利将导致或加重债务人支付不能时,方可行使债务人的权利;为了行使债务人的权利,债权人不必催告债务人,但应以债务人为诉讼当事人。

第 236 条　行使债务人的权利的债权人被视为债务人的代理人;他行使此等权利所取得的所有利益应归入债务人的财团,用于担保全体债权人的债权。

第 237 条　如债务人以损害债权人的方式处分财产,且其处分减少了其权利或加重了其义务,并导致或加重其支付不能,已到期的债权的债权人在满足下一条规定的条件下,均可主张债务人的处分行为对他不发生效力。

第 238 条　债务人为有偿处分行为时实施了欺诈,且该处分行为的受益人知晓此等欺诈的,该处分行为对债权人不发生效力;债务人知道自己支付不能仍为处分行为的,构成欺诈;处分行为的受益人知道债务人支付不能的,被视为知晓债务人欺诈。

如债务人为无偿处分行为,即使受让人诚信地实施行为,且有证据表明债务人未实施欺诈,该处分行为亦对债权人不发生效力。

债权人不得主张受让人将其受让的财产有偿让与第三人的行为无效,但在债务人为有偿处分行为的情形下,该第三人与前手受让人均知道债务人欺诈,或该第三人在债务人为前手受让人的利益实施处分行为时知道债务人支付不能,或债务人为无偿处分行为的,不在此限。

第 239 条　主张债务人支付不能的债权人,仅需证明其被负欠的债务的数额。债务人必须举证证明自己的财产等于或超过他所负担的债务。

第 240 条　所有因债务人的处分行为而受有损害的债权人,均享有该处分行为被宣告为无效所产生的利益。

第 241 条　如支付不能的债务人的财产的受让人未支付价金,在该价金符合通常的价金且受让人已将之提存于法院财库的条件下,受让人可摆脱债权人之诉讼的结果。

第 242 条　欺诈仅涉及债务人意图单独给予债权人之一以不合理的优先权的,接受该优先权的债权人仅丧失其优先权。

支付不能的债务人在原定的清偿期限届满前向其债权人之一清偿债务的行为,对其他债权人不发生效力。如债务人与受领清偿的债权人恶意串通,即使清偿行为发生在上述期限届满之后,该行为对其他债权人也不发生效力。

第 243 条　主张处分行为无效的诉讼时效期间为 3 年,自债权人知道该行为的无效原因之日起算。在任何情形下,自此等有争议的处分行为实施之日起经过 15 年,此等诉讼时效归于消灭。

第 244 条　在订立虚假合同的情形,合同当事人中的债权人和特定相续人均为诚信的,他们既可主张该虚假合同也可主张该虚假合同掩盖的真实合同,并可以以任何方式证明损害其利益的合同的虚假性。

在合同的利害当事人发生利益冲突时,如部分当事人主张虚假合同,部分当事人主张被掩盖的真实合同,前者优先。

第 245 条　如合同当事人在虚假合同之下掩盖了一份真实合同,合同当事人及概括相续人均应受该真实合同约束。

二、一种担保手段：留置权

第 246 条　如债权人不履行其因债务人的债务而负担的、与债务人的债务相互关联的债务,或债权人未提供履行此等债务的充分担保,负有给付物之义务的债务人均可拒绝履行其义务。

物的占有人或持有人特别地为该物支出了必要且有益的费用的,在取得相应的补偿之前,他可拒绝返还该物,但因不法行为负担返还义务的除外。

第 247 条　单纯的留置权对留置物不成立优先权。

留置权人依质押的规定保管留置物,提供留置物之孳息的账目。

留置物易损耗或腐烂的,留置权人可经法院许可,按第 1119 条的规定出卖该物,留置权移转于买卖所得的价金。

第 248 条　占有人或持有人丧失物之占有的,留置权消灭。

因不知情或违反其意思的事由丧失物之占有或持有的留置权人,自他知道丧失物之占有或持有之日起 30 日内,可请求返还该物,但自丧失物之占有或持有之日起超过 1 年的除外。

三、支付不能

第 249 条　债务人的财产不足以支付其到期债务的,可被判定为支付不能。

第 250 条　支付不能应由债务人或债权人之一提出申请,由债务人住所地的有管辖权的初级法院裁定。支付不能案件适用紧急事务程序。

第 251 条　在判定债务人支付不能之前,法院应考虑如下债务人所处的各种通常或特别的具体情况:债务人将来的财力、债务

人的个人能力和他对支付不能所负的个人责任、其债权人的合法利益以及其他影响债务人财务状况的因素。

第 252 条 对支付不能的裁定提出异议的期限为 8 天，提出上诉的期限为 15 天，此等期限自裁定送达之日起算。

第 253 条 法院的书记员应在提起支付不能诉讼之日，将启动支付不能诉讼的令状按照支付不能人的名字登记于特定的登记簿；他应在该登记簿的附注栏记录案件的裁定、维持或撤销此等裁定的裁判；所有上述事项应自裁定作出之日实施。

法院的书记员还应向埃及法院书记员部送递上述登记簿及批注的副本一份，以便按照司法部长令的规定登记于普通登记簿。

第 254 条 改变住所的债务人，应将此事实通知原住所地有管辖权的法院的书记员。通过债务人或其他方式知悉债务人住所改变的法院的书记员，应以债务人的费用立即向债务人的新住所地有管辖权的法院送达一份支付不能裁定的副本以及在登记簿的附注栏批注的具体事项的副本，以便后者在其登记簿上进行同样的登记。

第 255 条 支付不能的裁定使债务人未届清偿期的债务可清偿，在此等情形下，清偿期前的剩余期间内的约定或法定的利息应从债务中扣出。

但法官可依债务人或有利害关系的债权人之申请，决定维持或延长未届清偿期的债务的清偿期。如法官根据具体情况认为有利于确保债务人及债权人的利益，亦可授予债务已届清偿期的债务人一定的宽限期。

第 256 条 支付不能的裁定不妨碍债权人对债务人提起单独的诉讼。

支付不能的裁定登记之后，在债务人的不动产上设立的负担不可用来对抗在提起支付不能诉讼的请求登记前享有权利的债权人。

第 257 条　提起的支付不能的请求一经登记,债务人实施的任何将减少其权利或加重其义务的处分行为及任何履行行为对债权人不发生效力。

第 258 条　债务人可不经债权人许可,以类似财产的价格处分其财产,但买受人应按照分配程序将价金提存于法院财库以便分配。

如出卖的价格低于类似财产的价格,该处分行为对债权人不发生效力,但买受人将购买价金和补足该价金与类似财产的价金之差额的部分提存于法院财库的,不在此限。

第 259 条　债权人扣押债务人的收入的,有裁定支付不能管辖权的法院的院长可经债务人申请允许他从其被扣押的收入中取得生活费用。如债务人对此等生活费取得令有异议,可在此等取得令作出之日起 3 日内提出,如债权人有异议,可在此等取得令送达之日起 3 日内提出。

第 260 条　在下列两种情形下,滥用其财产的债务人应被判处罚金:

1. 在债务人被要求偿债的诉讼中,债务人故意使自己陷于支付不能以损害债权人利益,且该诉讼最终裁判他偿债且裁定他支付不能的;

2. 债务人被裁定为支付不能之后,为逃避执行而隐匿财产,或在任何情形下以损害其债权人的目的假装负担虚构的或夸大的债务的。

第 261 条　在下列两种情形,债务人住所地有管辖权的初级法院经利害关系方申请,可裁定支付不能状态终止:

1. 有证据证明债务人的债务不再超出其资产的;

2. 债务人已清偿不受支付不能裁定的效力影响而届清偿期的债务的,在此等情形下,因支付不能的裁定而届清偿期的债务的清偿期限应按照第 263 条之规定回复至先前的状态。

法院的书记员应在裁定作出的当天，自行将终止支付不能状态的裁定记载于第 253 条规定的登记簿的附注栏。法院的书记员还应向埃及法院书记员部递送一份该裁定书的副本，以便后者在其登记簿上进行同样的登记。

第 262 条　自支付不能的裁定被批注之日起经过 5 年，支付不能的状态依法终止。

第 263 条　支付不能的状态终止时，如债务人已清偿不受支付不能裁定的效力影响而届清偿期的债务，他可申请恢复因支付不能的裁定而届清偿期但尚未清偿的债务在该支付不能裁定之前的原清偿期。

第 264 条　根据裁定或法律的规定支付不能状态终止的，不影响债权人根据第 235 条至第 243 条的规定反对债务人的行为及主张行使其权利。

第三题　债的样态

第一章　条件和期限

一、条件

第 265 条　债的发生或消灭取决于将来可能发生的事件的，该债为附条件之债。

第 266 条　债附不可能发生的及违背道德或公共秩序的停止条件的，该债无效。如所附的此等条件为解除条件，视为未附条件。

债附违背道德或公共秩序的解除条件，且该条件是债的动因的，该债无效。

第 267 条　债所附的导致债发生的停止条件仅取决于债务人单方意愿的,该债无效。

第 268 条　附停止条件之债,仅在条件成就时生效。在条件成就前,既不得强制地也不得自愿地履行该债。但债权人可采取保护其权利的有关措施。

第 269 条　附解除条件之债,在条件成就时消灭,债权人应当返还他取得的利益。因可归责于债权人之原因发生返还不能时,债权人应承担损害赔偿责任。

但尽管条件已成就,债权人已实施的管理行为仍有效。

第 270 条　条件成就的效力溯及至债之产生之时,但当事人的意思或合同的性质表明自条件成就之时起债方发生或消灭的除外。

但如在条件成就之前,因债务人无法控制的原因发生债务履行不能,条件之成就不具有溯及力。

二、期　限

第 271 条　债的履行或消灭取决于将来确定的事件的,该债为附期限之债。

如事件的发生具有必然性,即使其发生的时间尚不确定,仍被视为确定的事件。

第 272 条　债本身表明债务人仅在其能够或有支付能力时才履行债务的,法官应根据债务人目前及将来的财力状况,以及一位急于履行其债务的人的勤勉确定债务的合理履行期限。

第 273 条　在下列情形下,债务人丧失其期限利益:

1. 债务人依法被裁定为破产或支付不能的。

2. 债务人的行为表明,他明显减少向债权人提供包括后续合同约定的及法定的在内的特别担保的,但债权人选择请求提供补充担保的除外。但在因债务人无法控制的原因导致担保发生减损

的情形下,债务人丧失其期限利益,但他向债权人另外提供充分担保的除外。

3.债务人未向债权人提供合同约定的担保的。

第 274 条　附始期的债自期限届至时生效。但即使在期限届至之前,债权人亦可采取保护其权利的措施。如有合理理由认为债务人将被裁定为破产或支付不能,债权人尤其可要求债务人提供保证金。

附终期的债自期限届至时消灭,但此等消灭不具有溯及力。

第二章　　多数客体之债

一、选择之债

第 275 条　债之客体包括数种物,债务人仅履行其中之一,其债务即告完全消灭的,该债为选择之债。除非另有法律规定或另有约定,选择权归债务人。

第 276 条　选择权归债务人时,如债务人怠于行使其权利,或数个债务人之间不能达成选择协议,债权人可请求法官确定债务人作出选择的期限或债务人达成选择协议的期限。如上述期限届满债务人仍未确定其选择,法官应自行确定债之客体。

选择权归债权人时,如债权人怠于行使其权利,或数个债权人之间不能达成选择协议,法官应根据债务人的请求确定选择期限。如前述选择期限届满,选择权转移至债务人。

第 277 条　选择权属于债务人时,如债之客体包含的数种物均不能履行,只要债务人对其中一物的履行不能负有责任,他就应偿付最后一项履行不能之物的价值。

二、任意之债

第 278 条　债仅以一项给付为客体,且债务人可选择他项给付消灭其责任的,该债为任意之债。

债之客体为债务人应为之给付,非为债务人选择的消灭其责任的他项给付,而债之客体决定债的性质。

第三章　多数当事人之债

一、连带之债

第 279 条　连带债权或连带债务仅依当事人的约定或法律的规定设立,不得推定。

第 280 条　债务人可向任何一连带债权人履行债务,但债权人之一拒绝此等履行的除外。

债的连带性不影响债务在债权人之一的继承人之间分割,但债务具有不可分性的除外。

第 281 条　连带债权人可共同或分别请求债务人履行债务。在此等情形,必须考虑它变更债务效力而影响债权人关系的性质。

在连带债权人之一请求债务人履行债务的情形下,债务人不可以以对其他债权人享有的抗辩来对抗该债权人。但债务人可以以对该债权人及全体债权人享有的抗辩来对抗该债权人。

第 282 条　如债务人对连带债权人之一的债务因清偿之外的原因被免除,仅在该债权人的债权份额范围内,债务人对其他债权人的债务免除。

连带债权人之一不得以任何方式损害其他债权人的利益。

第 283 条　连带债权人之一受领的债之清偿归全体债权人,并应由全体债权人分配。

除非有相反的约定或规定,应在全体连带债权人之间为等额分配。

第 284 条 连带债务人之一的清偿消灭其他连带债务人的债务。

第 285 条 债权人可请求连带债务人共同或分别地清偿债务。在此等情形下,必须考虑它变更债务效力而影响债务人关系的性质。

被请求履行债务的连带债务人不可以以其他债务人享有的抗辩来对抗债权人,但该债务人可以以自己享有的抗辩以及全体连带债务人享有的共同抗辩来对抗债权人。

第 286 条 债权人与连带债务人之一之间的债的更新导致其他债务人债务的消灭,但债权人保留对他们主张权利的除外。

第 287 条 连带债务人仅可在另一连带债务人对债权人负担的债务份额的范围内,主张后两者之间成立的抵销。

第 288 条 债权人和连带债务人之一发生债务混同的,仅在该债务人的债务份额的范围内,其他连带债务人的债务归于消灭。

第 289 条 债权人免除连带债务人之一的债务的,其他债务人的债务不被免除,但债权人声明该免除也适用于其他债务人的除外。

如债权人未作出此等声明,债权人可向其他连带债务人请求扣除其所免除的债务份额后的剩余部分,但他保留了对他们请求偿还全部债务的权利的除外。在此等情形下,其他债务人有权向该被免除债务的债务人追偿后者的债务份额。

第 290 条 债权人免除连带债务人之一的连带责任的,债权人仍有权要求其他连带债务人履行全部的债务,但另有约定的除外。

第 291 条 在债权人免除连带债务人之一的债务或其连带责任的任何情形,如有必要,其余债务人可向该债务人追偿依第 298

条他应分担的支付不能的连带债务人的债务份额。

但债权人免除债务人之一所负担的全部债务责任的,他应自己承担该债务人因其他债务人支付不能所应分担的债务份额。

第 292 条　如连带债务人之一的债务因时效期间届满而消灭,其他债务人仅在该连带债务人应承担的债务份额内享有时效利益。

连带债务人之一的债务发生时效中断或中止的,债权人不可以以此等中断或中止对抗其他债务人。

第 293 条　在履行债务的过程中,各连带债务人仅对他自己的行为承担责任。

对连带债务人之一的催告或起诉,对其他债务人不发生效力。但连带债务人之一对债权人为催告的,其他共同债务人有权享有此等催告所生之利益。

第 294 条　债权人与连带债务人之一达成和解协议,其内容包括以任何方式免除该债务人的债务的,其他共同债务人有权享有此等利益。但和解协议设定债务或加重其他共同债务人既存的债务的,只有经其他共同债务人同意,才对他们发生效力。

第 295 条　连带债务人之一实施的债务承认对其他债务人不发生效力。

连带债务人之一拒绝宣誓,或接受债权人的宣誓的,此等被拒绝的宣誓或被接受的宣誓不可损害其他债务人。

债权人接受债务人之一作出的宣誓的,其他共同债务人有权享有该宣誓所生之利益。

第 296 条　对连带债务人之一作出的判决,不可用来对抗其他连带债务人。

如作出的判决有利于其中一个连带债务人,其他连带债务人有权享有该判决所生之利益,但该为前述其中一个连带债务人的利益的判决是基于该债务人的特有原因作出的除外。

第 297 条　　清偿了全部债务的其中一连带债务人仅可在其他连带债务人的债务份额内向后者追偿,即使他代位行使债权人享有的诉权,亦同。

连带债务人之一清偿的债务份额应由全体债务人平均分担,但另有约定或法律另有规定的除外。

第 298 条　　如连带债务人之一陷入支付不能,此等支付不能的后果由清偿了债务的债务人及其他有支付能力的债务人按比例分担。

第 299 条　　在仅有一个连带债务人对债务享有利益的情形下,该连带债务人须承担全体债务人的债务份额。

二、不可分之债

第 300 条　　在下列情形下,债不可分:

1.债之客体依其性质不可分;

2.依当事人的意思或当事人所追求的债之目的,债不得分割履行。

第 301 条　　债不可分的,数债务人中任一人均应履行全部债务。

履行了债务的债务人有权向其他共同债务人追偿其各自应承担的债务份额,但具体情况表明相反的除外。

第 302 条　　不可分之债有数个债权人或其中一债权人有数个继承人的,各该债权人或继承人均可请求履行全部债。前述债权人或继承人竞相要求履行债务的,债务人应向集合在一起的全体债权人履行债或将债之客体提存于法院。

其他债权人有权就其享有的债权份额向受领债之清偿的债权人追偿。

第四题　债的移转

第一章　债权让与

第 303 条　债权人可向第三人让与其债权,但根据法律的规定或当事人的约定或债之性质不得让与的除外。债权让与无须经债务人同意。

第 304 条　债权仅其可被扣押部分可让与。

第 305 条　仅在债务人接受让与或受让与通知的条件下,债权让与对债务人或第三人发生效力,且该让与经债务人许可而发生对抗第三人的效力使此等许可必须有一个定期。[①]

第 306 条　在发出让与通知或让与被接受之前,债权受让人可采取保全措施以保全其受让的权利。

第 307 条　债权让与时,包括保证、优先权、抵押权在内的债权的担保以及到期的分期付款及利息一并让与。

第 308 条　在债权有偿让与的情形下,债权让与人仅需担保该被让与的债权在让与时存在,但另有约定的除外。

在债权无偿让与的情形下,债权让与人不需承担债权存在的担保责任。

第 309 条　对债务人的支付能力,债权让与人不负担保责任,但有特别约定的除外。

对债务人的支付能力负担保责任的债权让与人,仅需担保债

---

① "定期",即行为实施的确定日期,其目的在于确定数个行为之间的先后次序,本法第 604 条、第 1045 条和第 1117 条也有同样的规定——译者注。

权让与时债务人的支付能力,但另有约定的除外。

第 310 条 债权受让人依前两条的规定向债权让与人主张担保责任的,债权让与人仅就他取得的利益及利息和费用负返还责任,即使有任何其他约定,亦同。

第 311 条 债权让与人应当对其本人的行为承担责任,即使债权为无偿让与或约定无担保,亦同。

第 312 条 债务人在债权让与对他发生效力时,可援用他对债权让与人享有的抗辩对抗债权受让人;他还可援用产生于债权让与合同的抗辩。

第 313 条 同一债权被数次让与时,先对第三人发生效力的让与优先。

第 314 条 在债权让与对第三人发生效力之前,债务承担人被实施财产扣押的,对扣押人而言,该债权让与相当于另一项财产扣押。

在上述情形下,又一项财产扣押在债权让与对第三人发生效力之后实施的,债务人的财产应在先扣押人、债权受让人、后扣押人之间按比例分割,但应从后扣押人的份额中扣出相应部分补足债权受让人为受让债权支出的费用。

第二章 债务移转

第 315 条 债务移转根据债务人与代替债务人承担债务的第三人之间达成的协议发生效力。

第 316 条 债务移转仅在经债权人同意后对债权人发生效力。

债务承担人或原债务人就债务移转通知了债权人,并为其同意确定了合理的期限的,如债权人在此期限内未表示同意,其沉默

被视为拒绝同意债务移转。

第 317 条　除非另有约定,只要债权人尚未就债务移转作出同意或拒绝的表示,面对原债务人,债务承担人就应在合理的时间内向债权人履行债务;即使债权人拒绝同意移转,前述规定亦予以适用。

但根据债务移转合同,原债务人未向债务承担人履行其约定义务的,他不可请求债务承担人向债权人履行债务。

第 318 条　债之瑕疵担保连同债务一起移转。

但有关物的担保或人的担保,仅在担保人同意债务移转的条件下,债权人方可主张之。

第 319 条　除非另有约定,原债务人对债权人同意债务移转时债务承担人的支付能力承担担保责任。

第 320 条　债务承担人可向债权人主张原债务人享有的抗辩以及产生于债务移转合同的抗辩。

第 321 条　根据债权人与债务承担人的约定,由后者代替原债务人履行债务的,亦发生债务移转。

第 318 条和第 320 条的规定适用于前款情形。

第 322 条　出卖被正式设定抵押的不动产不发生被设定了抵押的债务移转至此等财产买受人的效力,但当事人约定有此等效力的除外。

如出卖人与买受人同意移转上述债务,并就买卖合同进行了登记,债权人应自收到债务移转的正式通知之日起 6 个月内表示同意或拒绝此等债务移转;如债权人在上述期限内未作决定,他的沉默被视为同意债务移转。

第五题　债的消灭

第一章　履　行

一、履行的当事人

第 323 条　债之履行可由债务人本人为之,亦可由债务人的代理人或任何其他对该履行有利益关系的人为之,但应遵守第 208 条的规定。

在不违反第 208 条规定的条件下,即使债务人不知情或未经其同意,债之履行亦可由对该履行没有利益关系的人为之。但如债务人表示反对且将之通知了债权人,债权人可拒绝此等第三人的履行。

第 324 条　如债务由第三人履行,该第三人有权在其所为之偿付的金额范围内向债务人追偿。

但债务人能证明他就拒绝履行债务具有利益的,可拒绝为自己利益履行全部或部分债务的第三人的追偿。

第 325 条　债的履行,仅在履行方为履行之物的所有人且有处分能力时,方为有效。

但如履行未损害履行方的利益,即使履行方对其履行之物无处分能力,债亦消灭。

第 326 条　在下列情形下,债务由债务人之外的第三人履行的,该履行债务的第三人应取代已受领其债权的债权人之位:

1. 履行债务的第三人与债务人共同承担债务或他负有为自己利益履行债务的义务的;

2. 履行债务的第三人为债务人的债权人,他向因物的担保而

较自己享有优先权的其他债权人履行债务的,即使他不享有任何担保,亦同;

3. 履行债务的第三人购买了一不动产,向对该不动产享有担保权利的其他债权人给付了价金的;

4. 履行债务的第三人根据法律的特别规定享有代位权的。

第 327 条　受领第三人给付的债权人可与第三人约定,由该第三人代位行使他享有的权利,即使债务人反对此等代位,亦同;但此等协议只能在第三人履行之后订立。

第 328 条　在债务人借款履行债务的情形下,即使未经债权人同意,出借人亦可代位行使已获清偿的债权人享有的权利,但债务人必须在借款合同中表明该借款系用于履行债务,且债务履行凭证表明系用新债权人出借的款项履行债务。

第 329 条　第三人根据法律或协议的规定代位行使债权人的权利的,就他代为履行的债务数额以及属于债务的从权利、担保及抗辩,取代债权人之位。

第 330 条　如无另外的约定,向债权人履行部分给付的第三人,在其所为给付的范围内代位行使债权人的权利,但该部分给付不可损害债权人的利益,同时,债权人有权先于该第三人受领债务人所为的其他部分的给付。

如另一第三人向债权人履行了剩余部分的债务,该第三人与先为给付的第三人一道就债务人的财产按比例受偿。

第 331 条　被设定了抵押的不动产之占有人偿付了所有债务的,他取得行使债权人权利的代位权,但他仅可依代位权向为同一债务提供另一不动产抵押担保的物之占有人,在与后者占有的不动产的价值相应的债务份额范围内追偿。

第 332 条　债务应向债权人或债权人之代理人履行,任何向债务人出具债权人签署的清偿证书的人均有权受领债务人的给付,但当事人约定仅向债权人本人履行债务的除外。

第 333 条　向债权人及其代理人之外的第三人所为之给付不消灭债务人之债务,但债权人承认已为给付或他因此等给付而受益的,则在该所受利益的范围内,或债务人诚信地向债权占有人履行债务的,债务消灭。

第 334 条　如债权人无正当理由拒绝受领债务人正当的履行,或拒绝实施债务履行所必需的行为,或声明不接受债务履行,自债务人发出的记载有此等拒绝情况的正式催告到达该债权人时起,债权人被视为受到了有效的催告。

第 335 条　债权人自受到催告之时起,承担物之灭失或毁损风险,利息亦停止计算。债务人据此可以以债权人的费用提存物,并请求赔偿他所遭受的损害。

第 336 条　如给付的客体为应在其所在地交付的特定物,在向债权人发出受领催告之后,债务人可经法院许可提存此等物。物为不动产或依其用途不可移动的,债务人可申请将该物进行讼争物寄托。

第 337 条　经法院许可,债务人可以以公开拍卖方式将易腐烂的或者提存或保管费用过高的物出卖,卖得的价金应提存于法院财库。

但物有已知的价格或可在证券交易所上市的,仅在其不能以市场价格或交易所报价卖出的情形下,方可以以拍卖方式出卖。

第 338 条　在以下情形,允许以提存或其他替代措施履行债务:债务人不知道债权人的身份或住所的,债权人为无民事行为能力人或丧失行为能力且无代理人为之受领给付的,数个债权人就同一债务存在争议的,或有采取提存或其他替代措施的重大正当事由的。

第 339 条　债务人按诉讼法的规定进行提存,或债务人以其他类似方式履行给付且得到债权人的承认或被判决为有效的,视为债权人已实际履行债务。

第 340 条　债务人以提存或类似方式履行债务时,债权人不接受该履行,或该履行的有效性未被最终判决认可的,债务人可撤回其给付。在此等情形下,其他共同债务人及担保人的责任不被免除。

债务人撤回已被债权人接受或已被判决为有效的给付,且债权人同意撤回的,债权人不可行使担保其债权实现的担保权。在此等情形下,共同债务人及担保人免于承担责任。

二、履行的客体

第 341 条　原先约定的物为给付的客体,债权人不被强制地接受另外的物,即使后者具有等于或高于原先约定的物的价值,亦同。

第 342 条　除非另有约定或法律另有规定,债务人不可强迫债权人接受其部分给付。

部分债务存有争议而债权人同意接受无争议部分的给付的,债务人不得拒绝履行该无争议部分的债务。

第 343 条　债务人除应偿付主债金额外,还应偿付费用和利息的,如其偿付不能完全满足主债金额及从债,该给付应首先抵充费用,其次抵充利息,最后抵充主债金额,但另有约定的除外。

第 344 条　债务人对同一债权人负有数宗债务的,如其给付不能满足此等全部债务,他可在履行时指定该给付系履行何宗债务,但该指定有法定或约定障碍的除外。

第 345 条　未按上条规定的方式指定履行某宗债务的,视为先抵充到期债务;同时存在数宗到期债务的,抵充负担最重的债务,数宗债务的负担相同的,由债权人指定抵充何宗债务。

第 346 条　除非另有约定或法律另有规定,使债务人负担债务的债一旦确定地产生,债务人即应履行给付。

在特殊情形下,因债务人状况之需要,法官可在不违反法律规

定的条件下许可债务人在一个或数个合理的宽限期内履行其债务,但不得由此给债权人造成重大损失。

第 347 条　债的标的物为某种特定物的,应在债发生时该标的物的所在地履行交付,但协议或法律有相反规定的除外。

在其他债的情形下,债务应在债务履行时债务人的住所地履行,如债务与债务人的营业有关,则在债务人的营业所在地履行。

第 348 条　如无另外的约定或法律规定,履行债务的费用由债务人承担。

第 349 条　履行部分债务的债务人有权就他按照债权证书所为之给付请求出具收据。在履行全部债务的情形下,他有权请求收回债权证书或注销之。如债权证书已经丢失,债务人可请求债权人出具书面证明承认此等丢失。

如债权人拒绝遵守前款的要求,债务人可将该到期的物置于讼争物寄托。

第二章　相当于履行的债之消灭

一、代偿履行

第 350 条　以类似的给付代替约定的物来履行且为债权人接受的,此等履行代替清偿。

第 351 条　债务人以类似的给付来履行债务的,有关移转该物的所有权的事项适用买卖的规定,尤其是有关合同当事人的行为能力、物的追夺担保及物之瑕疵担保的规定。上述使债消灭的给付亦适用债之履行的有关规定,尤其是有关向谁履行以及担保的消灭的规定。

二、债的更新与债务指示

第 352 条　下列情形发生债的更新：

1. 债务的变更，即当事人双方约定，以具有不同发生根据及客体的新债取代原债。

2. 债务人的变更，即债权人与第三人约定，无须经原债务人同意，由第三人取代原债务人使后者的债务消灭，或债务人使债权人同意由第三人作为新债务人。

3. 债权人的变更，即债权人、债务人及第三人约定由该第三人作为新债权人。

第 353 条　债的更新，仅在原债与新债均无任何无效事由时，方为有效。

如原债产生于可撤销的合同，债的更新仅在新债系为确认和取代原合同而设立时，方为有效。

第 354 条　债的更新，仅能依明示的约定或明确的具体情况产生，不得推定。

除非另有约定，债的更新不因签发承认既存债务的票据产生，亦不因仅变更债之履行期限、履行地点及履行方式产生，亦不因仅变更债之担保或利率产生。

第 355 条　仅将债务记载于往来账目的，不产生债的更新。

结算账目经确定并经当事人同意的，产生债的更新；但除非另有约定，债务的特别担保继续保留。

第 356 条　债的更新导致原债消灭和代替该原债的新债产生。

担保原债履行的担保不移转至新债，但法律另有规定或当事人的约定或具体情况表明合同当事人双方同意移转的除外。

第 357 条　当事人约定将债务人为原债提供的物的担保移转于新债的，必须遵守下列规定：

第一编　债或对人权

53

1. 债的更新涉及债务的变更的,债权人与债务人可在不损害第三人利益的条件下,约定将原债之担保移转于新债。

2. 债的更新涉及债务人的变更的,债权人与新债务人无须原债务人同意,维持原债之物的担保。

3. 债的更新涉及债权人的变更的,三方当事人可约定维持原来的担保。

移转物的担保的约定,仅在与债的更新同时作成且不违反有关登记的法律规定的条件下,才对第三人产生效力。

第 358 条 原债之物的担保或人的担保和连带责任不移转至新债,但担保人或连带债务人同意移转的除外。

第 359 条 债务人使债权人同意由第三人代替他履行债务的,发生债务指示。

债务指示不以债务人与第三人之间事先存在债之关系为必要。

第 360 条 在债务指示的情形下,合同当事人同意以新债取代原债的,此等债务指示是债务人之变更而发生的债的更新。在此等情形下,如新债务人接受的新债有效且他在发生债务指示时有支付能力,原债务人对其债权人所负的债务被免除。

但债务指示不被推定为债的更新,无债的更新协议时,新债与原债同时存在。

第 361 条 在不损害新债务人对原债务人的追偿权的条件下,即使原债务人之债务无效或存有争议,该新债务人对债权人的债务仍为有效,但另有约定的除外。

三、抵 销

第 362 条 债务人有权以他对债权人所负担的债务抵销他对债权人所享有的债权,即使债的原因不同,只要各债之客体为金钱或具有相似性质及质量的可替代物,且它们无清偿期限是否届至

的争议并可成为法律行为的标的,抵销权亦成立。

因法官许可或债权人同意给予一定的宽限期而产生的履行迟延不构成抵销的障碍。

第 363 条　债之履行地点不同的,债务人仍可主张抵销。在此等情形下,债务人应补偿债权人因抵销而无法在指定地点受领债权和履行债务所遭受的损失。

第 364 条　除下列情形外,债的抵销不受其发生根据影响而发生:

1. 债务之一的客体为不法地从所有人处取得的并受制于返还请求权的物;

2. 债务之一的客体为寄托物或借用物并受制于返还请求权;

3. 债务之一为不可扣押的债权的。

第 365 条　抵销仅可由利害关系人行使。在抵销权成立之前,不得放弃抵销。

各债务可以抵销时,抵销使它们在数额较小的债务范围内归于消灭。抵销按通常的清偿规则发生清偿金额的抵充。

第 366 条　如实施抵销时债权的时效期间已经届满,但在抵销成为可能时该时效期间尚未届满,抵销仍可成立,即使相对方援引了时效抗辩,亦同。

第 367 条　实施抵销不可损害第三人已取得的权利。

债务人成为其债权人的债权人之后,第三人对他的债权实施了扣押的,他不可主张抵销以免损害该扣押人的利益。

第 368 条　债权人向第三人让与债权,债务人毫无保留地同意该让与的,债务人不可向债权受让人主张抵销他同意让与前本可抵销的债务。在此等情形下,债务人仅可向债权让与人行使追偿权。

债权让与通知已到达债务人但债务人未表示同意的,此等债权让与不构成债务人主张抵销的障碍。

第 369 条 本有权主张抵销其所负担的债务但却履行了该债务的债务人,不可主张其债权的担保以免损害第三人的利益,但他不知道此等债权存在的,不在此限。

四、混 同

第 370 条 同一宗债务的债务人与债权人的身份属于同一人时,债在此等混同的范围内消灭。

混同的原因溯及既往地消灭的,债及其从债对一切利害关系人发生债之更新的效力,混同被视为无效。

第三章 非经履行的债之消灭

一、债务的免除

第 371 条 债权人自愿免除债务人债务的,债消灭。债务的免除为债务人知晓时成立,但债务人拒绝此等免除的,免除无效。

第 372 条 债务的免除适用赠与的实体规定。

债务的免除无须以特定形式为之,即使根据法律或协议的规定债的成立须采取特定形式,亦同。

二、履行不能

第 373 条 债务人证明债因他无法控制的原因变得履行不能的,债消灭。

三、消灭时效

第 374 条 除非法律有特别规定或在下列例外的情形下,债因 15 年的时效期间届满而消灭。

第 375 条 所有分期支付的权利,例如建筑物或农用地的租

金、永佃权的对价、利息、定期金、薪金、工资和养老金,均因 5 年的时效期间届满而消灭,即使此等债权为债务人承认,亦同。

但恶信占有人应予返还收益,以及瓦克夫管理人应向受益人返还收益,因 15 年的时效期间届满而消灭。

第 376 条　医生、药剂师、律师、工程师、专家、破产程序中的财产管理人、经纪人、教授和老师就他们从事职业工作所取得的报酬及支出的费用享有的债权,因 5 年的时效期间届满而消灭。

第 377 条　负欠国家的税费因 3 年的时效期间届满而消灭。年度税费的时效期间自应支付税费的年度的年末起算;司法文书确定的费用的时效期间自作出此等文书的听审程序终止之日起算;未经听审程序的,自司法文书作成之日起算。

不当征收的税费的返还请求权因 3 年的时效期间届满而消灭,该期间自此等税费支付之日起算。

上述规定的适用不得违反特别法之规定。

第 378 条　下列权利因 1 年的时效期间届满而消灭:

1. 商品销售者和生产者向非从事此等商品交易活动者请求支付所提供的商品的价款的权利,以及饭店或旅店所有人向顾客请求支付住宿费、餐饮费以及为顾客利益支出的相关费用的权利。

2. 工人、服务人员及工薪人员的日常工资及其他工资,以及他们所提供服务的价金。

主张债权因 1 年的时效期间届满而消灭的当事人应作出他已实际履行债务的宣誓;法官应主动要求债务人之继承人,或未成年的债务人的监护人宣誓不知债务之存在或债务已经履行。

第 379 条　第 376 条和第 378 条规定的时效期间自债权人完成其给付义务之日起算,即使债权人继续提供另外给付的,亦同。

前款权利已由书面文件加以确认的,时效期间为 15 年。

第 380 条　时效期间以日而不以小时计算,不包括起始日,最后一日经过后时效期间届满。

第一编　债或对人权

第 381 条　涉及法律无特别规定的时效的债的时效，只能自债务到期之日起算。

附停止条件的债权的时效，尤其只能自条件成就之日起算。有关追夺担保的时效，自追夺发生之时起算。附期限的债权的时效，只能自期限届满之日起算。

债的履行期限根据债权人的意思确定的，时效自债权人能够表示其意思之日起算。

第 382 条　由于存在障碍，即使是道德方面的障碍，债权人无法主张其债权的，不计算时效。类似地，在本人与代理人之间，亦不计算时效。

对于无法定代理人的无行为能力人、不在人以及被判处重罪者，不计算期间超过 5 年的时效。

第 383 条　时效因如下事由中断：包括向无管辖权的法院起诉在内的诉讼，催告，扣押，在破产程序或财产分配中债权人请求承认其债权，在某一案件的诉讼过程中债权人以任何方式主张债权。

第 384 条　时效因债务人明示或默示地承认债权人的债权而中断。

债务人为担保债之履行向债权人提供质押的，视为债务人默示承认其债务。

第 385 条　时效中断的，自中断事由消灭之日起算新时效，该新时效期间与原时效期间相同。

如债务经具有既判力的判决确认，或时效期间为 1 年的债务因债务人的承认发生时效中断，新时效的期间为 15 年，但经法院确认的债务不包括判决作出后方可请求履行的分期履行的债务。

第 386 条　时效消灭债，但债务人仍需负担自然之债。

债权因时效而消灭的，利息及其他从债一并消灭，即使此等从债的时效期间尚未届满，亦同。

第 387 条 法院不可主动适用时效。经债务人、债务人之债权人，或即使债务人未为援引而经任何利害关系人请求，法院方可适用时效。

时效可在包括上诉在内的诉讼的任何阶段主张。

第 388 条 在时效利益产生之前，当事人不可放弃时效。当事人亦不可约定不同于法律规定的时效期间。

但自时效利益产生之后，任何有权利处分能力的当事人，均可以以默示方式或其他方式放弃其时效利益，但此等放弃损害债权人利益的，对债权人不发生效力。

第六题 债的证明

第 389 条至第 417 条 包括第 389 条和第 417 条在内，本题已被公布于 1968 年 5 月 20 日第 22 号《政府公报》的 1968 年第 25 号法律废止，该法律颁布了《民商事证据法》。

第一编 债或对人权

第二分编 有名合同

第一题 移转所有权的合同

第一章 买 卖

一、一般规定

买卖的要件

第 418 条 买卖是出卖人移转物的所有权或其他财产权利于买受人,买受人向出卖人支付价金的合同。

第 419 条 买受人应对出售物有足够的认识。合同包括了能确定出售物及其基本质量的规定的,视为存在足够的认识。

如买卖合同表明买受人了解出售物,则买受人丧失因对出售物缺乏认识而享有的主张合同无效的权利,但买受人能证明出卖人实施了欺诈的除外。

第 420 条 在样品买卖的情形下,出售物应与样品相符。

样品在一方当事人的保管过程中毁损或灭失的,即使该当事人没有过错,他也须证明该物是否与样品相符。

第 421 条 在试用买卖的情形下,买受人有权接受或拒绝接受出售物。出卖人应使买受人能够进行试用。买受人拒绝接受出售物的,他应在约定的试用期间内,或未约定试用期间的在由出卖人确定的合理的试用期间内,向出卖人作出拒绝接受的表示。如试用期间届满,有可能对出售物为试用的买受人保持沉默,视为他

接受出售物。

试用买卖被视为以接受出售物为停止条件订立的,但根据约定或具体情形表明买卖是以附解除条件方式订立的除外。

第 422 条　物依买受人的尝试出卖的,买受人可在他愿意的情形下接受该买卖,但他应在约定的或依习惯确定的期限内表示接受。此等买卖合同自买受人表示接受之时成立。

第 423 条　价格的估定,可限于指出可据之进一步确定价格的基本参照。

当事人约定以市场价格买卖的,如就价格发生争议,出售物交付给买受人时交付地的市场价格被视为双方约定的价格。无交付地市场价格的,应参考习惯上视为可适用的某地方的市场价格。

第 424 条　如当事人未确定出售物的价格,但具体情况表明当事人意图采用交易时的价格或他们通常交易中采用的价格,买卖合同有效。

第 425 条　如无行为能力人所有的不动产因低价出卖遭受该不动产价值 1/5 以上的非常损失,出卖人可请求支付类似物价金的 4/5。

为估定非常损失是否超过 1/5,应以买卖时该不动产的价值为依据。

第 426 条　因非常损失提起的补偿价金之诉的诉讼时效期间为 3 年,自出卖人取得行为能力之日或不动产所有人死亡之日起算。

上述诉讼不得损害已取得该不动产物权的诚信第三人的利益。

第 427 条　按照法律规定以公开拍卖方式进行的买卖不能以非常损失为由争讼。

出卖人的义务

第 428 条　出卖人应实施一切为将出卖之权利转移至买受人

所必要的行为,并避免任何可能致使权利转移不能或移转困难的行为。

第 429 条　在批量买卖中,物的所有权以特定物所有权移转的同样方式移转至买受人。即使买卖价金的确定取决于对出售物的估定,该买卖亦被视为批量买卖。

第 430 条　在赊销的情形下,出卖人可规定以买受人支付全部价款为移转所有权的条件,即使出售物已经交付,亦同。

分期支付买卖的价金的,当事人可约定出卖人保留部分出售物,以赔偿因买受人未支付全部价款而解除合同给出卖人造成的损失。但法官可根据具体情形适用第 224 条第 2 项的规定减少约定的赔偿金额。

买受人付清全部期次的价款的,物的所有权被视为在买卖合同成立时移转至买受人。

以上 3 款规定,亦适用于合同当事人将买卖当作租赁的情形。

第 431 条　出卖人应按照合同成立时出售物所处的状态向买受人交付之。

第 432 条　交付义务包括交付出售物的从物以及任何根据物之性质、当地的习惯和当事人的目的为使用出售物须永久占用的物。

第 433 条　除非另有约定,在出售物的数量已确定的情形下,出卖人应按照交易习惯对出售物数量的短缺承担责任。买受人不可因出售物数量的短缺而解除合同,但买受人能证明该出售物数量短缺的严重程度使他若知道这一情形就不会订立合同的除外。

但在出售物不可分的买卖中,如出售物数量超过合同规定,且价金已按照出售物整体予以确定,买受人应当补足价金,但超过的数量巨大的,买受人可申请解除合同。当事人另有约定的,前述规定不予适用。

第 434 条　在出售物的数量短缺或超过的情形下,买受人请

求减少价金或解除合同的权利以及出卖人请求补足价金的权利，自出售物实际交付之时经过 1 年归于消灭。

第 435 条　出售物被置于买受人处分之下，买受人能无妨碍地占有或享用其利益的，构成交付。即使买受人未能现实地占有该出售物，只要出卖人对他进行了相应的通知，亦同。交付应以符合出售物性质的方式为之。

如买卖合同订立之前出售物已由买受人占有，或出卖人在买卖合同成立之后以非所有的方式继续占有出售物，交付可通过合同当事人双方的合意而为之。

第 436 条　除非另有约定，需要将出售物出口至买受人的，自出售物到达买受人时才完成交付。

第 437 条　出售物因出卖人不可控制的原因发生灭失的，买卖合同解除，买受人可请求返还价金，但出售物是在买受人被通知受领之后发生灭失的除外。

第 438 条　交付之前的出售物因遭受损害而价值减损的，买受人要么在减损发生在合同订立之前且其严重的程度足以阻碍买卖之达成的情形下申请解除买卖合同，要么保有出售物并减少价金。

第 439 条　出卖人应担保买受人对出售物的整体或部分的享用不受干扰，干扰来自出卖人还是来自在买卖成立时对出售物享有对抗买受人权利的第三人，在所不问。出卖人还应就买卖合同成立后因他自身的原因导致的第三人对出售物享有权利承担担保责任。

第 440 条　如买受人被提起要求返还出售物的诉讼，接到诉讼通知的出卖人应根据具体情况按照《民事诉讼法》的规定，作为买受人方的共同被告或代替买受人作为单独的被告参加诉讼。

如通知在合理的时间内送达，未参加诉讼的出卖人应承担担保责任，但他能证明诉讼作出的判决系因买受人的故意或重大过

第一编　债或对人权

失引起的除外。

买受人未在合理时间内通知出卖人①参加诉讼,且依具有既判力的判决被剥夺对出售物的占有的,如出卖人能证明他参加了诉讼就将导致此等请求返还之诉被驳回,则买受人丧失请求出卖人承担追夺担保责任的权利。

第 441 条 买受人在合理的时间内向出卖人送达了诉讼通知,但出卖人并未因其请求而代替他参加诉讼的,即使他不等法院作出判决就诚信地承认了第三人的权利或与第三人就该权利达成和解,他仍享有追夺担保请求权,但在前述情形出卖人能证明第三人的请求没有根据的除外。

第 442 条 如买受人以支付一定数额的金钱或给付另一物的方式使出售物免于全部或部分被剥夺占有,出卖人可通过向买受人偿付后者已经支付的前述款项,或该所给付的另一物的价值,加上其法定利息和所有费用,使自己免于承担担保责任。

第 443 条 在出售物全部被剥夺占有的情形下,买受人可向出卖人主张:

1.出售物被剥夺占有时的价值以及自此时起算的法定利息;

2.买受人向取得出售物所有权的第三人返还的孳息的价值;

3.买受人不能向取得出售物所有权的人请求返还的有益费用,如出卖人为恶信,还包括奢侈费用;

4.担保之诉及请求返还财产之诉的全部诉讼费用,但不包括如买受人按第 440 条的规定通知出卖人参加诉讼即可避免的费用;

5.在通常情形下,赔偿买受人因受追夺而遭受的损失或丧失的利益。

---

① 英译本的原文为"买受人",经英译者更正,改为"出卖人"——译者注。

但在前述情形下,买受人的返还请求权应以他请求解除合同或主张买卖无效为前提。

第 444 条　出售物部分被剥夺占有或出售物上设有负担使买受人遭受损失的,如此等损失的严重程度使他若知道此等损失就不会订立合同,在向出卖人返还了出售物及它产生的利益之后,他可向出卖人主张第 443 条规定的款项。

如买受人选择保留出售物,或他受到的损失未达到前款规定的严重程度,他仅可请求赔偿因出售物被剥夺占有而遭受的损失。

第 445 条　合同当事人可以以特别协议加重、减轻或免除追夺担保责任。

出卖人被推定为不对表见地役权以及已经向买受人说明的地役权承担担保责任。

如出卖人故意隐瞒第三人的权利,免除或减轻出卖人担保责任的任何约定,均属无效。

第 446 条　尽管有排除担保责任的条款,出卖人仍应对自己的行为导致的出售物被剥夺占有承担担保责任。任何另外的约定,均属无效。

如第三人的行为致使出售物被剥夺占有,出卖人应就出售物被剥夺占有时的价值承担补偿责任,但出卖人能证明买受人在合同成立时知道追夺事由或不顾此等风险购买的除外。

第 447 条　出卖人应就出售物在出卖时不符合他向买受人保证的品质,或出售物存在减损其从合同的规定可推断出来的或从其性质可显然推断出来的价值和用途的瑕疵,承担担保责任。即使出卖人不知道存在上述瑕疵,亦须承担担保责任。

出卖人就合同成立时买受人知道的,或买受人履行了一般人的注意检查出售物即能发现的瑕疵,不承担担保责任。但买受人能证明出卖人向他确认了出售物不存在瑕疵,或出卖人欺诈性地隐瞒此等瑕疵的除外。

第一编　债或对人权

65

第 448 条 出卖人就出售物习惯上容许的瑕疵,不承担担保责任。

第 449 条 买受人受领了出售物之交付的,必须按照共同的惯例在他能实施检查之时检查出售物的状况,如他发现出售物存在出卖人应承担担保责任的瑕疵,必须在合理期限内将该情形通知出卖人,否则,他被视为已接受该出售物。

如买受人发现以通常检查方法无法发现的瑕疵,必须在发现此等瑕疵之时立即将该情形通知出卖人,否则,他被视为已接受该瑕疵出售物的买卖。

第 450 条 买受人在合理的期限内通知出卖人出售物有瑕疵的,他可以以第 444 条规定的方式追究担保责任。

第 451 条 不论出售物因何种原因灭失,担保之诉仍继续维持。

第 452 条 担保之诉的诉讼时效期间为 1 年,自出售物交付之日起算,即使买受人在该时效期间届满后才发现出售物的瑕疵,亦同。但出卖人愿意在更长时间内承担担保责任的除外。

但经证明出卖人欺诈性地隐瞒出售物的瑕疵的,出卖人不可援引 1 年的诉讼时效。

第 453 条 合同当事人可以以特别协议加重、减轻或免除担保责任。但出卖人故意且欺诈性地隐瞒出售物瑕疵的,任何免除或减轻担保责任的约定,均属无效。

第 454 条 司法拍卖或行政拍卖不存在瑕疵担保责任。

第 455 条 出卖人担保出售物在一定期间良好运行的,如在此期间发现出售物有瑕疵,买受人应自发现瑕疵之日起 1 个月内将该瑕疵通知出卖人,且必须在此等通知作出之日起 6 个月内起诉,否则其权利丧失,但另有约定的除外。

买受人的义务

第 456 条 价金应在出售物的交付地支付,但另有约定或习

惯另有规定的除外。

出售物交付时价金的支付日尚未届至的,价金应在其到期日买受人的住所地支付。

第 457 条　价金应在交付出售物时支付,但另有约定或习惯另有规定的除外。

第三人基于买卖合同成立之前存在的权利或受让于出卖人的权利对抗买受人,或买受人有被剥夺对出售物的占有之虞的,如合同中无另外的约定,买受人可在此等对抗或追夺之虞消除之前停止为价金的支付。但在此等情形下,出卖人提供了担保人的,他即可请求支付价金。

前款之规定适用于买受人发现出售物有瑕疵的情形。

第 458 条　除非协议或惯例另有规定,出卖人无权收取价金的法定利息,但因其正式催告买受人陷入迟延的或他向买受人交付了产生孳息或其他收益的出售物的除外。

除非协议或惯例另有规定,买受人自买卖合同成立时起取得出售物的孳息及增值,并承受相关的费用负担。

第 459 条　如全部或部分价金可立即支付,除非出卖人在买卖合同成立后同意给予买受人一定的宽限期,他可在收到应付价金之前留置出售物,即使买受人提供了抵押或担保,亦同。

如买受人依第 273 条的规定丧失了其期限利益,即使支付价金的期限尚未届至,出卖人亦可留置出售物。

第 460 条　在出卖人行使留置权期间,出售物在其保管下灭失的,买受人承担灭失风险,但因出卖人的行为导致出售物灭失的除外。

第 461 条　在买卖商品及其他动产的情形下,如当事人约定了支付价金及受领出售物之交付的期限,而买受人在期限届至后未支付价金,出卖人可不经催告径行解除该买卖,但另有约定的除外。

第 462 条 除非协议或惯例另有规定,订立买卖合同的费用、印花税、登记费以及其他费用均由买受人负担。

第 463 条 协议或习惯没有规定受领出售物的交付的地点或时间的,买受人应在买卖合同成立时的出售物的所在地受领交付,买受人应毫不迟延地在所需时间内取走出售物。

第 464 条 除非协议或习惯另有规定,受领出售物之交付的费用由买受人负担。

二、某些类型的买卖

附买回权的买卖

第 465 条 买卖合同成立时出卖人为自己保留在某规定的期间内取回出售物的权利的,买卖合同无效。

第三人财产的买卖

第 466 条 出卖人出卖不归他所有的特定物的,买受人可主张买卖合同无效。在出卖的是不动产的情形下,适用同样的规定,合同是否已经登记,在所不问。

在任何情形下,此等买卖对出售的有体商品的所有人不发生效力,即使买受人追认该合同,亦同。

第 467 条 出售物的所有人对买卖作出追认的,该买卖合同对他产生约束力,并对买受人发生效力。

出卖人在合同成立之后取得出售物的所有权的,该买卖合同亦对买受人发生效力。

第 468 条 如法院为买受人的利益判决合同无效,不知道出售物并非出卖人之财产的买受人,可请求损害赔偿,即使出卖人诚信地实施行为,亦同。

有争议的权利的买卖

第 469 条　有争议的权利的所属人以合适的价格让与该权利给第三人的,此等被让与之权利的债务人可通过向受让人偿还后者实际支付的价金、相关的费用以及自其付款时起算的价金的利息,消灭该有争议的权利。

被提起诉讼或有重大分歧的权利,被视为有争议的权利。

第 470 条　下列情形,不适用前条的规定:

1.有争议的权利构成以单一价格出卖的整体财产的一部分的;

2.有争议的权利为继承人或共有人共有的财产,共有人之间转让其各自份额的;

3.债务人向债权人让与有争议的权利以清偿到期债务的;

4.不动产上负担的有争议的权利被出卖给该不动产占有人的。

第 471 条　法官、公诉人、律师、书记员、执行员不可自己或通过他人购买全部或部分属于与其履行职责有关的法院所管辖的有争议的权利,否则,买卖无效。

第 472 条　律师不得自己或通过他人与其客户进行与他所为之答辩的有争议的权利有关的买卖,否则,买卖无效。

遗产的买卖

第 473 条　未详细说明遗产的构成而出卖其继承之遗产的人,仅对他的继承人资格承担担保责任,但另有约定的除外。

第 474 条　在遗产的买卖中,只有买受人履行了移转遗产所包括的每一项权利所必需的程序,买卖才对第三人产生对抗效力。法律规定了买卖遗产程序的,合同当事人还应遵守此等规定。

第 475 条　如出卖人受领了遗产所包括的某些债的清偿,或

出卖了包含于遗产内的某些物,他应当将他取得的款项返还给买受人,但买卖合同中有不予返还的明确约定的除外。

第 476 条　买受人应将出卖人为清偿遗产中的债务所支付的款项,以及出卖人对遗产享有的债权,偿还给出卖人,但另有约定的除外。

病危期间的买卖

第 477 条　身患绝症的人在病危期间将某物出卖给他其中一继承人或继承人以外的人,且价金低于他死亡时出售物的价值的,如该低出部分的价值不超过包括出售物在内的全部遗产价值的 1/3,该买卖对全体继承人有效。

如低出部分的价值超过遗产价值的 1/3,前述差价超过遗产价值 1/3 部分的买卖对全体继承人无效,但他们追认此等买卖或买受人将该超过遗产价值的 1/3 的差价部分补足的除外。

第 916 条的规定适用于身患绝症的人在病危期间作出的买卖。

第 478 条　第 477 条的规定不适用于将损害有偿取得出售物之物权的诚信第三人之利益的情形。

代理人自己实施的买卖

第 479 条　依照协议、法律或主管当局的授权担当他人代理人的人,不可为自己利益直接地或通过他人购买由他作为代理人受托管理的财产,即使通过公共拍卖方式购买,亦同。但代理人经法院授权且不违背其他法律规定而购买的除外。

第 480 条　经纪人、专家不可自己或通过他人购买他们受托出售或估价的财产。

第 481 条　第 479 条和第 480 条规定的买卖合同经为其利益而买卖的人的追认的,有效。

第二章　互　易

第 482 条　互易是合同当事人各方有义务向他方移转现金以外的财产的所有权的合同。

第 483 条　依当事人的估价,互易的物的价值不等的,可支付补足金补足该差价。

第 484 条　除非另有约定,互易合同产生的主要费用和附随费用,由当事人双方平均分担。

第 485 条　买卖合同的有关规定,在互易的性质允许的范围内得以适用。互易的各方当事人被视为他用来互易的物的出卖人和他作为回报受领的物的买受人。

第三章　赠　与

一、赠与的要件

第 486 条　赠与是一种赠与人用来无偿处分其财产的合同。

赠与人可在不违背赠与目的的条件下,附加受赠人须履行特定义务的负担。

第 487 条　赠与自受赠人或其代理人接受时成立。

如赠与人是受赠人的生来监护人①或法定监护人,他可为受赠人利益接受赠与和受领赠与物。

第 488 条　除非假借另一合同实施,赠与必须作成公文书,否

---

①　与具有人为属性的法定监护人相对,指以自然属性为基础的监护人,如未成年子女的父母——译者注。

则无效。

但动产的赠与无须作成公文书,赠与自受赠人受领赠与物时成立。

第 489 条 如赠与人或他的继承人已经自愿履行因形式瑕疵而无效的赠与,他们不可取回已经交付的赠与物。

第 490 条 为赠与的允诺仅在其作成公文书时,具有法律约束力。

第 491 条 赠与非属赠与人所有的特定物的,适用第 466 条和第 467 条的规定。

第 492 条 将来财产的赠与无效。

二、赠与的效力

第 493 条 如受赠人尚未受领到赠与物,赠与人应将该物交付给他,此等情形适用出售物之交付的有关规定。

第 494 条 赠与人不承担赠与物的追夺担保责任,但赠与人故意隐瞒追夺事由或受赠人支付了一定代价的除外。在赠与人故意隐瞒追夺事由的情形下,法官应为受赠人遭受的损失判决公正的赔偿。在受赠人支付了一定代价的情形,赠与人仅在受赠人所支付的代价的范围内承担责任。但在这两种情形下当事人另有约定的除外。

赠与物被追夺时,受赠人可代位行使赠与人的权利并代为参加诉讼。

第 495 条 赠与人不承担赠与物的瑕疵担保责任。

但赠与人故意隐瞒赠与物的瑕疵或保证赠与物没有瑕疵的,他应赔偿受赠人因赠与物的瑕疵遭受的一切损失。在受赠人支付了一定代价的情形下,赠与人还应承担损害赔偿责任,但此等情形的赔偿不超过受赠人所支付的代价。

第 496 条 赠与人仅对其故意或重大过失行为承担损害赔偿

责任。

第 497 条 无论赠与的代价系为赠与人、第三人或公众的利益而设定的,受赠人均应履行之。

第 498 条 如事实表明赠与物的价值低于赠与课加的代价,受赠人仅在该赠与物的价值范围内支付代价。

第 499 条 如赠与人规定受赠人应履行赠与人的债务为赠与的代价,受赠人仅需履行赠与时存在的债务,但另有约定的除外。

如赠与物上有担保赠与人或第三人之债务的担保物权,受赠人应履行此等债务,但另有约定的除外。

三、赠与的撤销

第 500 条 经受赠人同意,赠与人可撤销赠与。

如受赠人不同意撤销赠与,在不存在撤销的阻却事由的条件下,赠与人可基于正当的理由申请法院许可他撤销赠与。

第 501 条 下列尤其是撤销赠与的正当理由:

1.受赠人不履行他对赠与人及赠与人的亲属负担的义务,构成忘恩负义的;

2.赠与人变得不能维持与其社会地位相应的生活,或变得不能向另一人支付法定的抚养费的;

3.赠与人在为赠与之后生有子女,且此等子女在撤销赠与时仍然存活的,或赠与人在为赠与时有子女,但他认为该子女已经死亡,结果仍然存活的。

第 502 条 存在下列任一阻却事由的,应驳回撤销赠与的申请:

1.赠与物因自然增长而必然增值的,但该阻却事由消灭的,撤销权重新恢复。

2.赠与的一方当事人死亡的。

3.受赠人已确定地处分赠与物的;如受赠人处分了部分赠与

物,赠与人可撤销剩余部分的赠与。

4.配偶一方向他方为赠与的,即使赠与人期望在婚姻解除之后撤销赠与,亦同。

5.为禁止与之结婚的亲属的利益为赠与的。

6.在受赠人占有期间赠与物灭失的,灭失系由他的行为,或由不可归责于他的原因,或由使用引起,在所不问。赠与物部分灭失的,赠与人可撤销剩余部分的赠与。

7.受赠人已支付赠与代价的。

8.赠与是救济金赠与或慈善捐赠的。

第 503 条　当事人双方同意或法院判决撤销赠与的,赠与被视为自始不存在。

受赠人仅对自同意撤销赠与时起,或提起诉讼时起赠与物所生的孳息,负返还义务。他可请求返还他所支出的所有必要费用,以及他所支出的赠与物增值范围内的有益费用。

第 504 条　赠与人未经受赠人同意或未经法院判决而占有赠与物的,他应就赠与物的灭失向受赠人承担赔偿责任,灭失系由他的行为,或由他无法控制的原因,或由使用引起,在所不问。

法院判决撤销赠与的,如受赠人被通知返还赠与物之后赠与物在他的保管下灭失,他应对该灭失承担赔偿责任,即使灭失系由他无法控制的原因引起,亦同。

第四章　合　伙

第 505 条　合伙是两个或两个以上的人约定以提供金钱或劳务的方式出资,组成营利性团体,共同分享利润以及共同承担损失的合同。

第 506 条　依其成立的事实,合伙被视为法人。自所有法定

的公示程序完成之后,此等法人人格对第三人产生对抗效力。

但在仅完成相关部分公示程序的情形下,第三人亦可主张合伙的法人人格。

一、合伙的要件

第 507 条　合伙合同应采用书面形式,否则无效。合伙合同的变更未采用合伙合同的同一书面形式的无效。

但仅在合伙人之一申请法院确认无效之时起,此等无效才可被合伙人援用以对抗第三人,并在合伙人之间发生效力。

第 508 条　协议或习惯无另外的规定的,各合伙人的出资份额被视为等值,且是以财产的所有权而非仅以用益权出资。

第 509 条　合伙人不可以以他享有的商业信誉的影响力作为其唯一的出资。

第 510 条　如以金钱出资的合伙人未向合伙缴纳该笔金钱,他应支付该笔金钱自出资期限届至之日起算的利息,该利益的支付不以提出司法请求或催告为必要,且不影响所产生的必要的补足性赔偿。

第 511 条　如合伙人的出资为所有权、用益权或任何他物权,有关物的灭失担保、剥夺占有担保、瑕疵担保以及数量担保适用买卖的规定。

如合伙人仅以财产的用益权出资,上述有关担保适用租赁的规定。

第 512 条　合伙人以劳务为出资的,他必须提供他允诺履行的劳务,以及自合伙成立后他从其提供作为出资的劳务获得的收益。

但他不负向合伙提供他取得的发明专利的义务,但另有约定的除外。

第 513 条　如合伙人以他对第三人享有的债权出资,仅在该

债权受清偿时他对合伙的义务方为消灭;如此等债权到期而未受清偿,他应承担损害赔偿责任。

第 514 条 如合伙合同未约定合伙人之间的利润分配与损失分担份额,应根据各自的出资份额的比例确定之。

如合伙合同仅确定了合伙人的利润分配份额,此等份额比例对其损失分担同样适用。如合伙合同仅确定了合伙人的损失分担份额,则此等份额比例亦同样适用于其利润分配。

如合伙人仅以劳务出资,应按其劳务为合伙带来的利益来确定他的利润分配与损失分担份额。如该合伙人还有金钱或其他出资,他同时有以劳务以及以其他出资为根据的利润分配和损失分担的份额。

第 515 条 如合伙合同约定合伙人之一不参加盈亏分配,该合伙合同无效。

当事人可在合伙合同中约定免除仅以劳务出资的合伙人承担合伙损失的责任,但须以合伙对他提供的劳务不支付报酬为条件。

二、合伙的管理

第 516 条 按照合伙合同特别条款之规定被委托管理合伙的合伙人,可不顾其他合伙人的反对实施管理,以及在合伙的目的范围内处分合伙财产,但此等管理或处分行为不得有任何的欺诈。在合伙存续期间,无正当的理由,该合伙管理人之职务不被撤销。

如合伙人管理合伙的权利系于合伙合同成立之后被授予,可通过解除一般代理权的方式解除该委托。

第 517 条 如数合伙人被委托管理合伙,却未确定其各自的权力范围,且合伙合同未规定此等合伙人不可实施单独管理,则各合伙人均可单独实施任何管理行为,但在此等行为完成之前,其他被委托管理合伙的合伙人,均有权提出反对。但在合伙管理人的票数相等的情形下,合伙人的多数有权否决此等反对。

合伙合同规定须经被委托管理合伙的合伙人一致或多数同意方可作出决定的,不得违反此规定,但涉及不采取措施将导致重大且不可弥补之损失的紧急事项的,不在此限。

第 518 条　如无另外约定,在必须以多数决通过决定的情形下,所谓多数应被视为人数多数。

第 519 条　非属于管理人的合伙人不可参与合伙的管理,但他们可自行查阅合伙的账目与文件,任何另外的约定,均属无效。

第 520 条　如未特别规定合伙管理的方式,各合伙人均被视为由其他合伙人委托管理合伙,并可不经协商实施管理行为,但在此等行为完成之前,其他任一合伙人均有权提出反对,而合伙人的多数有权否决此等反对。

三、合伙的效力

第 521 条　合伙人不得实施任何有损于合伙或违背合伙设立目的的行为。

合伙人应以管理自己利益的同一注意安排合伙的利益,但他在被委托有偿管理的情形下,他应尽到不低于一般人的注意。

第 522 条　如合伙人之一取走或扣留属于合伙的一笔金钱,他应承担该笔金钱自被取走或扣留之日起算的利息,此等责任的承担不以提出司法请求或催告为必要,且不影响对合伙所产生的必要的补足性赔偿。

如合伙人为了合伙的利益以其个人财产为合伙垫付金钱,或诚信及谨慎地为合伙支出了有益费用,合伙应向他返还自支付之日起算的前述款项的利息。

第 523 条　如合伙财产不足以清偿合伙债务,每一合伙人均应根据他承担的亏损份额以自己的财产负担合伙债务的清偿,但有损失分担的另外约定的除外。规定合伙人之一免于承担合伙债务责任的任何约定,均属无效。

第一编　债或对人权

在任何情形下,合伙的债权人均可根据每一合伙人的合伙利润分配的份额,向该合伙人主张债权。

第 524 条 除非另有约定,就合伙人各自的合伙债务份额,全体合伙人不承担连带责任。

但合伙人之一发生支付不能的,其合伙债务份额由其他全体合伙人根据各自的亏损分担份额承担。

第 525 条 在合伙存续期间,合伙人的个人债权人可仅就该合伙人的利润分配份额获得清偿,但不得就该合伙人的出资份额获得清偿。但在合伙清算后,此等债权人可就其债务人扣减其合伙债务后的合伙财产份额获得清偿。但在合伙清算之前,他们可就此等债务人的份额实施扣押保全。

四、合伙的终止

第 526 条 合伙因其存续期间届满或设立的目的实现而终止。

尽管为实现合伙之设立目的期间已经届满,合伙人仍可继续实施与合伙之设立目的相同性质的营业行为,合伙合同以同样的条件逐年续展。

合伙人的债权人可反对此等续展,此等反对对该债权人发生中止合伙续展的效力。

第 527 条 合伙财产全部灭失,或合伙财产部分灭失但使合伙的存续丧失意义的,合伙终止。

作为合伙人之一出资的特定物在其交付前灭失的,合伙对全体合伙人发生解散。

第 528 条 合伙因合伙人之一死亡、受禁治产宣告、支付不能或破产而终止。

但合伙人可约定合伙人之一死亡时,合伙仍与其继承人继续,即使该继承人为未成年人,亦不例外。

合伙人还可约定合伙人之一死亡、受禁治产宣告、支付不能、破产或根据以下条文的规定退伙时,合伙仍在其他合伙人之间存续,在此等情形下,此等合伙人或其继承人仅享有其在合伙中的财产份额。此等份额应按照该合伙人停止作为合伙人的事件产生之日的价值计算,并以现金的方式支付。该合伙人仅享有在他停止作为合伙人的事件发生之前产生于合伙营业的权利。

第 529 条　如未确定合伙的存续期间,合伙人之一提出退伙并预先通知了其他合伙人,合伙因合伙人退伙而终止。该合伙人未预先通知退伙的,其退伙被视为具有欺诈性或不合时宜。

合伙亦因合伙人一致同意解散而终止。

第 530 条　法院可依其中一合伙人的申请,基于合伙人之一不履行义务或其他不可归咎于合伙人的事由,判决解散合伙。法官应裁量此等事由是否足以判予解散。

任何另外的约定,均属无效。

第 531 条　如个别合伙人留在合伙中构成反对合伙续展的原因或其行为构成合伙解散的正当事由,在合伙仍可在其他合伙人之间存续的条件下,合伙人之一可申请法院将该个别合伙人除名。

合伙有确定的存续期间的,任一合伙人还可援引正当理由申请法院作出将自己除名的判决,在此等情形下,除非其他合伙人一致同意继续维持合伙,合伙应解散。

五、合伙的清算与其财产的分配

第 532 条　合伙财产的清算与分配应以合伙合同规定的方式进行。合伙合同未作规定的,适用以下规定。

第 533 条　合伙管理人的权力因合伙解散而终止,但合伙的人格于清算终止前在必要的范围内继续维持。

第 534 条　在必要时合伙的清算应由全体合伙人实施或由多数合伙人指定的一个或数个清算人实施。

如合伙人不能一致指定清算人,法官应依任一合伙人的请求指定之。

在合伙无效的情形,法官应依任一利害关系人的申请指定清算人并确定清算方式。

在清算人被指定之前,对于第三人,合伙的管理人被视为清算人。

第 535 条　清算人不可为合伙的利益实施新的经营活动,但为了了结先前的事务而有必要实施的经营活动除外。

清算人可以以拍卖或协商的方式出卖合伙的动产或不动产,但指定清算人的文书限制了此等权力的除外。

第 536 条　合伙的债权人的债权得到清偿的,在扣除了为清偿未到期的或有争议的债权所必需的款项,以及补偿了合伙人为合伙的利益所支出的费用及实施的借贷之后,合伙财产应在合伙人之间分配。

每一合伙人均应依合伙合同的规定,分得与其出资价值相等的款项,如合伙合同未规定其出资的价值,则应分得与其交付出资时相当于该出资价值的款项,但合伙人仅以自己的劳务、用益权或单纯的物之使用权出资的,不在此限。

在合伙财产仍有剩余的情形下,该剩余部分应按合伙人的利润分配份额分配。

但合伙的净资产不足以偿还合伙人的出资的,各合伙人应按照约定的亏损分担份额的比例分担损失。

第 537 条　有关共有财产分配的规则,适用于合伙财产的分配。

第五章　消费借贷和永久年金

一、消费借贷

第 538 条　消费借贷是出借人有义务向借用人移转金钱或其他可替代物的所有权,借用人有义务在借贷终止时返还同样数量、种类和质量的物的合同。

第 539 条　出借人应向借用人交付合同标的物,并仅可在借贷终止时向借用人请求返还同样的物。

如在交付借用人之前此等物灭失,此等灭失由出借人承担。

第 540 条　物被剥夺占有的,如消费借贷为有偿,适用买卖合同的有关规定。在其他情形下,适用无偿使用借贷的相关规定。

第 541 条　无偿消费借贷的物有隐蔽瑕疵,且借用人选择保留此等物的,他仅负返还该有瑕疵的物之价值的义务。

在有偿消费借贷或出借人故意隐瞒物的瑕疵的无偿消费借贷的情形下,借用人可请求出借人修理该有瑕疵的物或以无瑕疵的物替换之。

第 542 条　借用人应在债权到期日向出借人支付约定的利息,没有约定利息的,消费借贷被视为无偿。

第 543 条　消费借贷因约定的期限届满而终止。

第 544 条　消费借贷约定利息的,自借贷之日起 6 个月后,债务人可向债权人表示期望解除合同并返还借贷,但返还须在此等表示作出之日起 6 个月内实施,在此等情形下,债务人应支付自此等表示作出之日起算的 6 个月的利息。在任何情形下,债务人不因他提前清偿而负有支付利息或任何种类对价的义务。任何约定均不得取消或限制借用人的返还权。

二、永久年金

第545条 某人可许诺永久地向另一人或后者死后其相续人定期支付由一定款项或特定数量的可替代物构成的收益；此等许诺可以以有偿合同、遗嘱或生前赠与的方式设立。

如收益安排以有偿合同方式设立，有关利息的事项，应适用有息的消费借贷的规则。

第546条 依债务人①的自由决定，永久年金可于任何时间买回。任何另外的约定均属无效。

但当事人可约定在受益人生存时，或在不超过15年的期间内，不可实施买回。

在任何情形，仅在期望买回的表示作出之后，并自此等表示之日起经过1年，方可行使买回权。

第547条 在下列情形下，可强制债务人买回永久年金：

1. 虽经债权人催告，债务人连续2年未支付永久年金的；

2. 债务人未按许诺向债权人提供担保，或提供的此等担保尔后丧失又未提供另外担保的；

3. 债务人被宣告破产或支付不能的。

第548条 永久年金以一定款项有偿设立的，债务人应通过返还该全部款项或约定的较少的款项买回年金。

在其他情形下，债务人应通过返还与年金等值的一定款项依法定利率计算的利息买回年金。

---

① 此处的"债务人"在本译稿所依据的英译本中是"债权人"，这与买回权的性质不符，故根据《利比亚民法典》英译本与《埃及民法典》的对照本中其第545条的规定，此处改为"债务人"。See Meredith O. Ansell and Ibrahim Massaud al-Arif, *The Libyan Civil Code: An English Translation and a Comparison with the Egyptian Civil Code*, The Oleander Press, 1969, p. 90——校者注。

第六章　和　解

一、和解的要件

第 549 条　和解是当事人双方就其各自的主张作出相互的让步,以结束某项已经发生的争议或防止发生某项争议的合同。

第 550 条　订立和解协议的当事人对和解协议涉及的权利,应具有为有偿处分的能力。

第 551 条　就人的身份或公共秩序的有关事项达成的和解,不发生效力。但可就产生于人的身份或不法行为的财产利益达成和解。

第 552 条　和解仅可以以书面或法定的笔录方式作成。

二、和解的效力

第 553 条　和解涉及的争议因和解而消灭。

和解消灭各方当事人明确放弃的权利和主张。

第 554 条　对于作为和解客体的权利,和解具有确认效力。但此等效力仅及于该有争议的权利。

第 555 条　和解协议中放弃权利和主张的文句,应受严格解释。放弃仅涉及因和解而消灭的、明确构成争议的客体的权利,它使用的措辞则不予考虑。

三、和解的无效

第 556 条　和解不因法律上的错误而被攻击。①

---

①　英译本的原文与第 557 条第 1 款重复,本条系经英译者更正之后的翻译——译者注。

第 557 条　和解具有不可分性,和解的部分无效导致它全部无效。

但合同的措辞①或当事人订约时的具体情况表明和解协议的各部分相互独立的,不适用此规定。

第二题　有关物之使用的合同

第一章　租　赁

一、租赁的一般规定

租赁的要件

第 558 条　租赁是出租人有义务使承租人在某特定时期内享用特定物,而由承租人支付确定的租金的合同。

第 559 条　如无另外的规定,未经主管当局许可,仅被授予管理权的人不得订立期限超过 3 年的租赁合同。如此等租赁合同的期限超过 3 年,应减至 3 年。

第 560 条　用益权人未经空虚所有权人许可而与他人订立的租赁合同随用益权的终止而终止,但法律就解除租赁的通知以及收取年度收获物规定的期限应予遵守。

第 561 条　租赁合同的租金可以以任何其他方式给付。

第 562 条　当事人未约定租金的数额或未确定租金的计算方式,或租金的数额无法证实的,应根据类似财产的租金确定之。

第 563 条　如租赁合同未约定租赁期限或约定的租赁期限不

---

①　英译本的原文为"works",经英译者更正,改为"words"——译者注。

明确,或主张的租赁期限无法证实,租赁合同被视为根据支付的租金所确定的期限订立。在下列期限内,当事人一方对他方作出解除租赁的通知的,租赁合同在由前述方式确定的期限届满时终止:

1. 农用地和非耕作用地的租赁,如根据支付的租金所确定的期限为 6 个月或超过 6 个月,解除租赁的通知必须在此等期限届满前的 3 个月内作出,如此等期限不足 3 个月,必须在该租赁期限的前半段期限内作出。在任何情形下,承租人均有依习惯收取收获物的权利。

2. 住房、商店、办公场所、交易场所、工厂、仓库及其他类似场所的租赁,如根据支付的租金所确定的期限为 4 个月或超过 4 个月,解除租赁合同的通知必须在此等期限届满前的 2 个月内作出;如此等期限不足 4 个月,必须在该租赁期限的前半段期限内作出。

3. 配备家具的住宅与房间的租赁和任何其他物的租赁,如根据支付的租金所确定的期限为 2 个月或超过 2 个月,解除租赁的通知必须在此等期限届满前的 1 个月内作出;如此等期限不足 2 个月,必须在该租赁期限的前半段期限内作出。

租 赁 的 效 力

第 564 条　出租人应按照双方的约定或租赁物的性质,向承租人交付符合合同订立之目的的租赁物及其从物。

第 565 条　如租赁物不符合租赁的使用目的,或其用途发生明显的减损,承租人有权请求解除合同或根据用途减损的程度减少租金,在此两种情形下,必要时还均发生损害赔偿请求权。

如租赁物对承租人及其共同居住人、雇员或工人的健康构成严重的威胁,承租人可请求解除合同,即使他已经放弃该解除权,亦不受影响。

第 566 条　就交付出售物的义务规定的规则,特别是与交付时间和地点、面积的确定以及对租赁物的从物说明有关的规则,应

适用于租赁物的交付义务。

第 567 条　出租人应维持租赁物在交付时的状态,在租赁期间,他应承担由承租人修理之外的必要修理。

出租人应承担建筑物初涂、粉白、清结、清理盥洗室和排水系统等必要工作。

出租人应承担租赁物所承受的税费,如水费计入租金总额,还应负担水费。如水费另外计算,由承租人负担之。承租人还应承担电费、天然气费及因其自身使用产生的其他费用。

以上规定,仅适用于当事人无另外约定之情形。

第 568 条　如出租人受催告之后,仍迟延履行上一条规定的义务,经法院许可,承租人有权自行实施有关行为,并有权从租金中扣除此等费用以补偿他所为的支出,此等行为不影响他请求解除合同或减少租金的权利。

承租人可不经法院许可,自行实施应由出租人承担的紧急修理或小修,租赁物在承租人开始使用时已存在瑕疵还是尔后存在瑕疵,在所不问,出租人受催告之后仍未在合理期间内履行修理义务,即为已足。承租人有权从租金中扣除此等费用以补偿他所为的支出。

第 569 条　在租赁期间租赁物完全灭失的,租赁合同当然地解除。

租赁物部分灭失,或变得不符合①租赁用途,或其租赁用途明显减损的,如出租人未在合理的期间内将租赁物回复至其原来状态,对前述事项不负有责任的承租人可根据具体情况请求减少租金或解除合同,此等行为不影响承租人依上一条的规定自行实施由出租人负担义务之事项的权利。

---

①　英译本的原文为肯定的表述,即"符合",经英译者更正,改为否定的表述,即"不符合"——译者注。

在以上两种情形下,租赁物的灭失或损坏系由出租人无法控制的原因引起的,承租人不可请求损害赔偿。

第 570 条　承租人不可妨碍出租人实施为维护租赁物所必需的紧急修理。如此等修理行为妨碍承租人对租赁物的全部或部分享用,承租人可根据具体的情况,请求解除合同或减少租金。

但在此等修理结束时承租人仍在租赁物之内的,他丧失请求解除合同的权利。

第 571 条　出租人必须避免实施任何妨碍承租人享用租赁物的行为,亦不可对租赁物及其附属物实施任何有损于承租人此等享用的变更。

出租人的担保义务不限于他实施的行为,还包括任何其他承租人或任何出租人的权利义务承受人基于合法原因造成的妨害或损害。

第 572 条　如第三人提出与承租人依租赁合同享有的权利不相容的主张,承租人有义务立即将该情况通知出租人,并可要求免于参与诉讼,在此等情形下,诉讼应仅针对出租人进行。

如由于第三人的此等主张承租人被实际剥夺了根据租赁合同享有的享用权,他可根据具体情况请求解除租赁合同或减少租金,并可请求赔偿因此遭受的损失。

第 573 条　如同一租赁物上有数个承租人,无欺诈地最先占有租赁物的承租人优先。如一不动产承租人在同一不动产的另一承租人占有该不动产之前诚信登记了其合同,或在该另一承租人的合同续展前登记了其合同,他优先。

如数个承租人都不具有优先事由,他们的权利冲突的唯一救济方式是请求损害赔偿。

第 574 条　如行政当局依法实施的行为明显减损承租人对租赁物的享用,承租人可根据具体情况请求解除合同或减少租金;如此等政府行为可归责于出租人,承租人还可同时请求损害赔偿,但

在前述所有情形下,另有约定的除外。

第 575 条 对租赁物不主张任何权利的第三人对承租人的侵扰,出租人不承担担保责任。但不影响承租人以自己的名义向侵扰人提起请求损害赔偿之诉和所有的占有之诉。

但如侵扰行为不可归咎于承租人,且严重到剥夺了承租人对租赁物的享用,承租人可根据具体情况,请求解除合同或减少租金。

第 576 条 除非另有约定,出租人应向承租人就妨碍或明显减损租赁物之享用的任何瑕疵承担担保责任,但习惯上可容忍的瑕疵除外,他还应对他特别担保的质量的瑕疵或为租赁物之享用所必需的质量的瑕疵,承担担保责任。

但对于订立合同时已告知承租人或承租人已知晓其存在的瑕疵,出租人不承担担保责任。

第 577 条 如发现租赁物上存有出租人负担保责任的瑕疵,承租人可根据具体情况,请求解除合同或减少租金,他还可请求出租人修理之或以出租人的费用自行修理,但以此等修理不给出租人造成过重的负担为限。

如承租人因租赁物的瑕疵受有损害,出租人应向承租人承担损害赔偿责任,但出租人能证明他不知晓该瑕疵的存在的除外。

第 578 条 出租人欺诈性地隐瞒妨害或瑕疵的原因的,排除或限制妨害及瑕疵担保的任何约定,均属无效。

第 579 条 承租人应以约定的方式使用租赁物。如未作约定,他应以符合租赁目的的方式使用之。

第 580 条 未经出租人许可,承租人不可对租赁物实施任何改造,但此等改造不给出租人造成任何损害的,不在此限。

如承租人对租赁物的改造超出了前款规定的限度,他必须使租赁物回复原状,并在必要情形下给付赔偿。

第 581 条 在安装不违反一般实践的条件下,承租人可以在

租赁物上安装引水、照明、天然气、电话、无线电及其他设备,但出租人能证明安装对不动产的安全构成危险的除外。

如为完成任一安装均须出租人介入,承租人可请求出租人介入,但他应补偿出租人因此支出的所有费用。

第 582 条 承租人应实施根据惯例应由他负担的必要修理,但另有约定的除外。

第 583 条 承租人应以一般人的注意使用和保全租赁物。

承租人应就租赁物在其享用期间非因习惯上的使用遭受的损害或灭失承担责任。

第 584 条 承租人应就租赁物遭受的火灾承担责任,但他能证明火灾是由他无法控制的原因引起的除外。

在同一不动产上有数个承租人的情形,各承租人,包括居住在该不动产内的出租人,应按照各自占据面积的比例对租赁物遭受火灾的损失承担责任,但能证明火灾系由一承租人所占据的部分引起的,由该承租人单独承担损失。

第 585 条 承租人应将需要出租人介入的一切事项及时通知出租人,此等事项包括租赁物需要紧急修理,发现其上存有瑕疵,租赁物遭受侵占或第三人侵入或损害租赁物。

第 586 条 承租人应按约定的期限支付租金,未约定支付期限的,按租赁物所在地的习惯确定的期限支付之。

如无另外的约定或地方习惯,租金应在承租人的住所地交付。

第 587 条 租金分期支付的,某期次租金的支付构成其前期次租金已支付的推定,但证明相反的除外。

第 588 条 住房、仓库、商店或其他类似场所或农地的承租人,必须为租赁物配置家具、货物、农作物、牲畜或相关的工具,此等物品的价值应足以支付 2 年的租金或租期少于 2 年的应足以支付全部期限租金。但承租人预付了租金或另有约定或提供了其他担保,则免于承担此义务。

第 589 条　出租人为担保他因租赁合同取得的全部权利,对所有属于其优先权范围内的存放于租赁物的可扣押的动产享有留置权,该权利不受承租人对前述物是否有所有权影响。出租人可反对此等财产的转移,如不顾他反对或在他不知情的情形下此等动产被转移,他有权向占有人请求返还此等动产,即使该占有人为诚信者,亦同,但该动产占有人的权利不受影响。

如转移此等动产系承租人的职业所需或生活中的习惯性事务,或如租赁物内留存的动产或已被索回的动产足以支付全部租金,出租人不可行使留置权或返还请求权。

第 590 条　承租人应于租赁期满时返还租赁物。承租人不法保留租赁物的,他应向出租人支付经适当考虑租赁物的价值以及出租人遭受的损害而计算的赔偿金。

第 591 条　承租人应按租赁物被交付时的状态返还租赁物,但租赁物的灭失或损坏是由不可归咎于他的原因引起的除外。

租赁物交付承租人时未制作有关租赁物的笔录或未作租赁物描述的,推定承租人受领的是处于良好状态的租赁物,但证明相反的除外。

第 592 条　如承租人建造了建筑物、种植了林木或实施了使不动产增值的其他改良,在租赁期满时,出租人有义务补偿承租人为实施改良支出的费用或不动产的增值,但另有约定的除外。

如出租人不知晓此等改良或反对此等改良,他可要求承租人将之拆除,如拆除造成了相关的损失,他还可以请求赔偿。

如出租人选择返还上述费用中之一项以保留改良物,法院可授予他一定的清偿期限。

租赁权的让与及转租

第 593 条　如无另外的约定,承租人有权让与其租赁权或将租赁物的全部或一部分转租。

第 594 条　禁止转租暗含禁止让与租赁权,反之亦然。

但在不动产租赁的情形下,如此等不动产上已建有工厂或交易场所,且此等工厂或交易场所必须出卖,要是买受人提供了充分的担保且出租人没有遭受实质损害,法院可不考虑禁止性的约款,决定维持租赁的效力。

第 595 条　在租赁权让与的情形下,承租人应担保受让人履行其义务。

第 596 条　次承租人在出租人向他作出催告时,在他对承租人负担的租金的范围内,直接向出租人支付。

次承租人不可以以预先支付给承租人的租金对抗出租人,但他根据惯例或订立转租合同时达成的协议,在出租人催告前预付了租金的,不在此限。

第 597 条　如符合下列规定之一,在让与租赁权的情形下,承租人对出租人所负的担保受让人的义务解除;在转租的情形下,承租人对出租人所负的租赁合同约定的义务解除:

1.出租人明确表示同意让与租赁权或转租的;

2.出租人直接向受让人或次承租人收取租金,且未保留任何对承租人享有的权利的。

租赁的终止

第 598 条　租赁合同规定的期限一经届满租赁即告终止,无须送达逐出通知。

第 599 条　租赁合同终止时,承租人继续享用租赁物,出租人知晓该情形且未反对的,租赁被视为已按原来的条件续展,成为不定期租赁。第 563 条的规定适用于此等已续展的租赁。

此等默示续展被视为成立一项新租赁,而非原租赁关系单纯的延续。如遵守了有关不动产公示的规则,原租赁中由承租人提供的物的担保移转至新租赁。但第三人提供的人的担保或物的担

保,仅在该第三人同意的情况下方可移转至新租赁。

第 600 条 租赁合同当事人一方已向他方送达了解除租赁的通知,承租人在租赁期限届满后却继续享用租赁物的,租赁不被推定为已续展,但有相反证明的除外。

承租人死亡或支付不能

第 601 条 租赁不因出租人或承租人的死亡而终止。

但承租人死亡的,他的继承人如能证明因承租人的死亡,租赁合同上的负担相较于其财力显得过于沉重,或租赁已变得超出其需要,他们可请求解除合同。在此等情形下,第 563 条规定的解除租赁的提前通知的期限应予考虑,解除租赁的请求还应在承租人死亡后的 6 个月内提出。

第 602 条 仅基于承租人的职业或与其人身有关的其他考虑订立租赁合同的,承租人死亡时,他的继承人或①出租人可请求解除租赁。

第 603 条 未到期的租金不因承租人支付不能而变得可支付。

但就此等未到期租金的支付未以适当的程序设定担保的,出租人可请求解除租赁。承租人未被批准让与租赁权或转租的,在他支付了合理的补偿金的条件下,亦可请求解除租赁。

第 604 条 租赁物的所有权被自愿或强制地移转于第三人时,如在移转租赁物所有权的处分行为实施前租赁没有取得定期,租赁对第三人不发生效力。

但租赁物所有权的受让人可享有租赁合同的利益,即使此等合同对他不发生效力,亦同。

第 605 条 租赁合同对他不发生效力的租赁物所有权之受让

---

① 英译本的原文为"of",经英译者更正,改为"or"(或)——译者注。

第一编 债或对人权

人,仅在第 563 条规定的期限内向承租人送达解除租赁通知的条件下,方可强制逐出承租人。

承租人在租赁期限届满前被送达解除租赁通知的,出租人应向承租人支付一定的补偿金,但另有约定的除外。在承租人收到出租人的补偿金,或取得为此等补偿金的支付提供的充分担保之前,承租人不被强制解除租赁。

第 606 条　租赁物所有权之受让人有证据证明承租人预付租金时知道或应确切知道租赁物让与的,承租人不得援引此等预付的租金对抗该受让人。

第 607 条　当事人约定出租人可在其本人需要租赁物时解除租赁的,除非另有约定,如出租人行使该解除权,他应在第 563 条规定的期限内向承租人送达解除租赁的通知。

第 608 条　在定期租赁的情形下,自租赁开始时或在其存续期间,出现重大的不可遇见的情况,导致履行租赁合同负担过重的,各合同当事人均可主张提前解除租赁,但主张解除合同的当事人应遵守第 563 条规定的送达解除租赁通知的期限,并向他方当事人支付合理的补偿金。

出租人请求解除租赁的,承租人在取得补偿金或获得充分的担保之前,不应被强制返还租赁物。

第 609 条　官员或雇员由于职务之需要必须改变住址的,如其住所租赁为定期租赁,他可请求解除之,在此等情形下,应遵守第 563 条规定的期限。任何另外的约定,均属无效。

二、某些类型的租赁

农用地租赁

第 610 条　在租赁物为农用地的情形下,出租人不负有向承租人交付农用地上已有的牲畜及农具的义务,但租赁合同包括它

们的租赁的除外。

第 611 条　受领出租人拥有的牲畜及农具的承租人,有义务以利用它们的惯常谨慎照管及维护之。

第 612 条　如农用地租赁合同规定了 1 年或数年的租期,其意图为订立的合同期限是一个或数个农耕周期。

第 613 条　农用地租赁的承租人应根据惯常的利用要求利用农用地,尤其应尽量使土地保持适于生产的状态。

未经出租人许可,承租人不可对此等土地的利用方式进行实质性变更,此等效力应延续至租赁期满。

第 614 条　除非协议或习惯另有规定,承租人应实施租赁地的习惯使用所必需的修理。承租人尤其应清理和维护灌溉管道、水道、牲畜通道和排水系统,还应负责道路、栅栏、引水设施、堤坝、水井及其他用于居住或土地利用的建筑的正常维护,但在前述所有情形下,协议或习惯另有规定的除外。

除非协议或习惯另有规定,出租人有义务建造建筑物,以及对租赁物既有的建筑物及其他附属物实施大修。此规则亦适用于水井、灌溉管道、水道及储水池所需的大修。

第 615 条　不可抗力致承租人无法备耕或播种,或其大部分或全部种子灭失的,应根据具体情况免除承租人的部分或全部租金。但在任何情形下,另有约定的除外。

第 616 条　因不可抗力致承租人播种的农作物在收获之前灭失的,承租人可请求免付租金。

土地出产能力的重大减损使农作物发生部分灭失的,承租人可请求减少租金。

在整个租赁期限内承租人实现的收益,或承租人根据保险单或任何其他方式取得的补偿弥补了承租人的损失的,承租人不可请求免付或减少租金。

第 617 条　因承租人无法控制的原因,租赁期限届满时收获

物仍未成熟的,在收获物成熟前他可继续占有租赁物,但应支付适当的租金。

第 618 条 承租人不可实施任何减损或妨害后续承租人享用租赁物的行为。在不承受任何损害的条件下,承租人尤其应在解除租赁前允许此等后续承租人备耕或播种。

短期分益租赁

第 619 条 农用地及林地可考虑由出租人取得特定的部分的农作物而设定短期分益租赁。

第 620 条 如无另外的约定或习惯,经适当考虑了以下规定后,租赁的有关规定适用于短期分益租赁。

第 621 条 短期分益租赁未约定期限的,其租期应被视为 1 个年度的农耕周期。

第 622 条 短期分益租赁包括对订立合同时租赁物上归出租人所有的农具和牲畜的租赁。

第 623 条 承租人在为农作物的耕作时,应尽到管理自己事务的同样注意。

承租人应承担在享用租赁物期间土地遭受的损失,但能证明他以常人的注意保全和维护租赁物的除外。

承租人对非因其过错死亡的牲畜以及损耗的农具不承担替换责任。

第 624 条 当事人应根据约定的比例或习惯确定的比例分配出产物。无此等协议或习惯的,应平均分配。

出产物因不可抗力全部或部分灭失的,当事人双方应共担损失,任何一方均不应向他方追偿。

第 625 条 除非经出租人同意,短期分益租赁的承租人不可让与租赁权,也不可转租土地。

第 626 条 短期分益租赁不因出租人死亡而终止,但因承租

第一编 债或对人权

人死亡而终止。

第 627 条　如短期分益租赁提前解除,应将承租人为未成熟的收获物支出的费用以及他实施的工作的合理补偿金,偿付给他或他的继承人。

但短期分益租赁因承租人死亡而终止的,其继承人可在收获物成熟前取代他,而不行使他们请求偿付上述款项的权利,但他们应继续适当耕种土地。

瓦克夫财产的租赁

第 628 条　瓦克夫管理人负责瓦克夫财产出租。

瓦克夫财产的受益人,不得被授予出租瓦克夫财产的权力,即使他是唯一的受益人,亦同。但瓦克夫委托人授予他此等权力,或享有出租瓦克夫财产权力的管理人或卡迪①准许他出租瓦克夫财产的,不在此限。

第 629 条　瓦克夫管理人负责收取租金,除非经前者授权,受益人无权收取租金。

第 630 条　瓦克夫管理人不可自己承租瓦克夫财产,即使以同类财产的当时租金承租,亦同。

瓦克夫管理人可将瓦克夫财产出租给其尊亲属和卑亲属,但须以同类财产的当时租金出租。

第 631 条　租金明显不充分的,瓦克夫财产租赁无效,但出租人是有权力管理瓦克夫财产的唯一受益人的除外。在此情形下,尽管租金明显不充分,瓦克夫财产租赁仍约束出租人,但不约束接替他的受益人。

第 632 条　在瓦克夫财产租赁的情形下,同类财产的当时租金应于订立租赁合同时估定;尔后此等租金的任何变化均不予考

---

①　"卡迪"(qadhi)又称沙里亚法官,指沙里亚法院的法官——译者注。

虑。

在瓦克夫管理人以明显不充分的租金出租瓦克夫财产的情形下,承租人应补足与同类财产的租金的差价,否则租赁合同解除。

第 633 条　未经卡迪许可,瓦克夫管理人不可以以超过 3 年的租期出租瓦克夫财产,即使通过相续的合同出租,亦同。租期超过 3 年的,应减至 3 年。

但如瓦克夫管理人是设立人或唯一的受益人,他可不经卡迪许可,以超过 3 年的租期出租瓦克夫财产,但不影响接替他的瓦克夫管理人请求将租期减至 3 年的权利。

第 634 条　在不违反以上规定的条件下,租赁的有关规定适用于瓦克夫财产的租赁。

第二章　使用借贷

第 635 条　使用借贷是出借人有义务向借用人交付非消费物,以供后者在特定期间内或为特定的目的无偿使用,借用人有义务在其使用完毕时返还该物的合同。

一、出借人的义务

第 636 条　出借人有义务以使用借贷合同订立时所处的状态将借用物无偿交付给借用人,并让后者在合同存续期间占有该物。

第 637 条　在使用借贷存续期间,借用人为保全借用物而支出了必要费用的,出借人有义务向借用人返还此等费用。

在借用人支出了有益费用的情形下,应适用有关恶信占有人发生的费用的规定。

第 638 条　出借人不承担追夺担保责任,但有此等担保约定或出借人故意隐瞒追夺原因的,不在此限。

出借人不承担暗藏瑕疵担保责任。但出借人故意隐瞒此等瑕

疵或担保出借物无瑕疵的,应赔偿借用人因此遭受的任何损害。

二、借用人的义务

第639条　借用人仅可根据合同、借用物的性质或习惯确定的方式和限度使用借用物。未经出借人许可,借用人不可将使用权让与第三人,即使让与为无偿,亦同。

以借用合同许可的方式使用借用物致使它发生的任何改变或灭失,借用人不承担责任。

第640条　借用人无权请求返还为使用借用物而发生的必要费用。他应承担借用物的正常维护所需的费用。

借用人有权去除借用物上的任何添附,但他要能将借用物回复原状。

第641条　借用人应以对待自己财产的注意保全借用物,但此等注意不得低于常人的注意。

在任何情形下,借用物因意外事件或不可抗力灭失的,如借用人通过利用自己的物品即有可能避免损害,或他在仅能要么保全自己的物品要么保全借用物时,选择了保全自己的物品,他应对借用物的灭失承担责任。

第642条　借用终止时,借用人应以受领时所处的状态返还借用物,但他承担的借用物灭失或毁损责任,不受影响。

借用人应在受领借用物的地点返还借用物,但另有约定的除外。

三、使用借贷的终止

第643条　使用借贷因约定的期限届满而终止。未约定期限的,以借用的目的使用了借用物后终止。

如无法确定使用借贷的期限,出借人可随时请求终止合同。

在任何情形下,借用人均可提前返还借用物,但此等返还将给

出借人造成损害的,出借人不被强制接受之。

第 644 条　在下列情形下,出借人可请求终止使用借贷:

1.出借人对借用物突然产生了紧急而不可预见的需要的;

2.借用人滥用借用物,或未采取保全借用物的必要预防措施的;

3.借用人在使用借贷合同订立后发生支付不能,或其支付不能在订立使用借贷之前不为出借人所知的。

第 645 条　除非另有约定,使用借贷因借用人的死亡而终止。

第三题　完成工作的合同

第一章　承揽合同和公共服务特许合同

一、承揽合同

第 646 条　承揽合同指一方当事人有义务制作某物或完成某工作,他方当事人有义务支付相应报酬的合同。

承揽人的义务

第 647 条　承揽人可将其义务仅限于提供劳务,而由定作人负责提供承揽人执行其工作所需的原材料或协助。

承揽人也可同时负责提供劳务和原材料。

第 648 条　如承揽人负责提供完成工作所需的全部或部分原材料,他应就原材料的良好质量承担责任,并就此向定作人承担担保责任。

第 649 条　定作人已提供原材料的,承揽人应妥善保管该原材料并运用职业技能使用之。他还应向定作人汇报原材料的使用

情况，并将剩余的原材料返还定作人。如因承揽人的疏忽或职业技能的欠缺致部分原材料变得不能使用，他应向定作人返还此等原材料的价值。

除非协议或行业惯例另有规定，承揽人应自费配备完成工作所必需的设备和配件。

第 650 条 在完成工作的过程中，如能证明承揽人以不当的或与约定不符的方式履行其工作，定作人可通知承揽人在定作人规定的合理期限内改变其履行方式。如承揽人在此期限届满时仍未采用正确的履行方式，定作人可请求解除合同或依第 209 条的规定以承揽人的费用另外雇佣承揽人为履行。

但如履行方式不可矫正，可不必确定前述期限，径行请求解除合同。

第 651 条 建筑师和承揽人应在 10 年内对他们建筑的建筑物或其他固定设施的全部或部分毁损承担连带责任，即使毁损系土地的瑕疵所致或定作人许可建造此等有瑕疵的建筑物，亦同。但在此等情形，当事人期望此等设施之存续不超过 10 年的除外。

前款规定的担保，包括存在于建筑物及设施中的威胁建造物的坚固和安全的瑕疵。

10 年期间自受领建造物之交付之日起算。

本条规定不适用于承揽人对分包人享有的任何追偿权。

第 652 条 仅负责设计而不负责监督执行的建筑师，仅对可归因于其设计的瑕疵承担责任。

第 653 条 任何旨在免除或限制建筑师及承揽人责任的条款，均属无效。

第 654 条 以上规定的担保责任之诉的诉讼时效为 3 年，自建造物倒塌或发现瑕疵之日起算。

定作人的义务

第 655 条 承揽人完成工作并将定作物交由定作人处分时，

定作人应根据交易习惯尽快受领交付。如定作人尽管受到邀请他受领交付的正式催告,却无正当理由拒绝受领,定作物被视为已交付给他。

第 656 条　如习惯或协议无另外的规定,定作物一经受领交付,报酬即可请求。

第 657 条　承揽合同是根据按分项开列的清单订立的,如事实表明在履行期间执行约定计划所需的费用超过预算,承揽人应将此情况告知定作人,并提供预计应增加的价款。如承揽人未作告知,他丧失请求返还他支付的超出的费用的权利。

如执行约定计划所需的超出的费用数额巨大,定作人可解除合同并立即终止履行,但他必须向承揽人支付根据合同规定估算的工程完工部分的价款,在此等情形下,定作人无须向承揽人赔偿工程整体完工后可获得的利润的损失。

第 658 条　根据承揽人与定作人约定的工程设计,以承包价格订立合同的,即使尔后对该工程设计作出了修正或添加,承揽人亦不可请求增加价款。但此等修正或添加系定作人的过错所致,或经由定作人授权并与承揽人就此达成报酬协议的,不在此限。

前述协议须作成书面方式,但原合同以口头形式订立的除外。

原材料、劳动力或其他成本的增加不构成承揽人请求增加合同价款的事由,即使此等增加的程度是如此之高以致合同难以履行,亦同。

但由于发生当事人在缔结合同时一般不予考虑的异常事件,定作人和承揽人之间债务的经济均衡被打破,致使订立承揽合同的商业预期的基础丧失的,法官可决定增加价款或解除合同。

第 659 条　如未预先确定价款,应根据劳务的价值和承揽人支出的费用确定之。

第 660 条　建筑师有权就制作的工程设计和技术规则以及工程监理,分别请求报酬。

第一编　债或对人权

此等报酬未在合同中约定的,依现时惯例确定之。

但工程未按照建筑师的设计进行的,报酬的确定应以制作工程设计所花费的时间为基准,并适当考虑工作的性质。

分　包

第 661 条　如承揽合同的规定不禁止分包或工作的性质不以承揽人的个人技能为前提,承揽人可将全部或部分工作委托分包人执行。

在此等情形下,承揽人仍就分包人的行为向定作人承担责任。

第 662 条　分包人以及为承揽人执行承揽工作的工人,享有直接对抗定作人的诉权,但以起诉时定作人对主承揽人负欠的金额为限。分包人的工人享有对抗主承揽人及定作人的同样诉权。

上述任一权利人对定作人或主承揽人实施财产扣押的,工人按照各自被负欠的金额对实施扣押时主承揽人或分包人被负欠的款项享有优先受偿权,此等款项可直接向他们偿付。

本条规定的分包人和工人享有的权利,优先于承揽人让与给第三人的对于定作人的价款请求权。

承揽合同的终止

第 663 条　在承揽工作完成之前,定作人可随时解除合同并终止其履行,在此等情形下,定作人应向承揽人偿付后者支出的全部费用,并赔偿后者已完成的部分工作在工程全部完工后他可获得的利润。

但如具体情况允许,法院可减轻对承揽人利润损失的赔偿。法院尤其应将承揽人因定作人解除合同而节约的费用,以及利用剩下的履约时间从事他项事务获取的利润减除。

第 664 条　承揽合同因合同约定的工作无法执行而终止。

第 665 条　如定作物在交付给定作人之前因意外事件灭失,

承揽人不可请求其工作报酬,亦不可请求偿还其支出的费用。原材料的灭失由提供方承担。

如承揽人已被催告交付定作物,或定作物在交付前因承揽人的过错发生灭失或毁损,承揽人应向定作人赔偿原材料的损失。

如定作人已被催告受领定作物,或定作物因他的过错或因他提供的原材料的瑕疵发生灭失或毁损,他应承担原材料灭失的损失,在必要情形下,承揽人有权请求支付报酬及损害赔偿。

第 666 条 如承揽人的个人资质是订立承揽合同的考虑因素,承揽合同因承揽人死亡而终止。但在不考虑承揽人个人资质的情形下,承揽合同不当然终止,除第 663 条规定的情形之外,定作人仅在承揽人的继承人未能为适当完成承揽提供充分担保的情形下,方可解除合同。

第 667 条 在承揽合同因承揽人死亡而终止的情形,定作人应向承揽人的继承人偿付已经完成的工作的价值,对承揽人为完成剩余工作支出的费用,定作人应在此等工作和费用对他有益的范围内予以返还。

相应地,在偿付了合理的补偿之后,定作人可请求返还已备好的原材料,以及已经开始实施的工程设计方案。

承揽工作开始实施后,承揽人因他无法控制的原因不能完成工作的,亦应适用上述规定。

二、公共服务特许合同

第 668 条 公共服务特许合同的客体是对某项实用设施的公共服务实施管理。此等合同在负责管理此等设施的行政机关与将被授权在一定期间内利用此等设施的个人或公司之间订立。

第 669 条 公共设施的特许经营人有义务与用户订立服务合同,并根据收取的费用以通常的方式为用户提供服务,费用应根据特许合同及其附件规定的条件,以及依服务性质和法律规定的为

开展工作所必需的条件收取。

第 670 条 如特许经营人对公共实施有合法的或事实上的专营权,他在提供公共服务和收取费用上应严格按照平等原则对待其用户。

但平等原则不排除特别的待遇,此等待遇包括符合特许经营人规定的一般条件的任何人均可申请的服务费用的减少或豁免。但根据平等原则,特许经营人不得将给予部分用户的优惠拒绝给予其他具有同等条件的用户。

在违反前款规定给予优惠的情形下,特许经营人应赔偿第三人因此等歧视所致的公平竞争自然失衡而遭受的损害。

第 671 条 行政机关确定的费率对特许经营人与其用户订立的合同具有法律的效力,当事人双方均不得违背。

此等费率可变更或修正;如现时费率已修正并获批准,则新费率自准许适用该新费率的决议规定的时间开始生效,但无溯及力。就修正费率时已向公共设施的特许经营人预缴的费款,在确定的执行新费率的日期之后的剩余期间,无论该新费率增加或减少均适用新费率。

第 672 条 个人合同中执行的费价有任何偏离或错误的,应予更正。

如此等偏离或错误损害了用户的利益,该用户有权请求返还超过规定费价的部分。如上述偏离或错误损害公共设施特许经营人的利益,他有权请求补足与规定价费的差额。任何另外的约定,均属无效。自收到不符合规定费价的缴费之日起经过 1 年,前述两种情形的权利消灭。

第 673 条 供给水、电气、动力及其他类似日用品之设施的用户,应容忍在维护此等设施的运行设备的过程中,因此等设备通常的固有原因致使的短期供给中断或供给不正常。

特许经营人能证明超出正常期间或程度的供给中断或供给不

正常系不可归责于其管理行为的不可抗力,或管理过程中无法预见或任何谨慎的管理人经正当的经济考虑均不可避免发生损害后果的突发事件引起的,他可免于承担责任。如特许经营人有证据证明他对发生罢工没有过错,且他既无法以其他工人替代罢工的工人,也无法以其他方式避免罢工造成的后果,此等罢工被视为意外事件。

第二章　雇佣合同

第 674 条　雇佣合同指一方当事人受雇于另一方当事人,在后者的管理或监督之下为后者提供服务,而由后者提供相应报酬的合同。

第 675 条　本章的规定仅在不违反关于劳动的特别法之明示或默示规定的限度内予以适用。

特别法应确定不受本章调整的工人类型。

第 676 条　雇佣合同的规定适用于雇主与销售人员、商业推销员、保险代理人及其他中间人之间的关系,即使此等人员以代理为基础而受雇或同时为数雇主的利益服务,只要他们受雇主管理和监督,亦同。

即使因雇佣合同规定的受雇期间届满,商业代表或商业推销员终止提供服务,他们亦有权就他们不再提供服务前雇主尚未收到的订单,索取议定的或习惯确定的工资形式的佣金或折扣,但以此等订单是前述雇员在其提供服务期间与客户努力交涉的直接结果为限。此等推销员和代表仅可在各行业习惯确定的通常期间内行使前述权利。

一、雇佣合同的要件

第 677 条　如无法律或行政法规的另外规定,雇佣合同不必

具备任何特定的形式。

第 678 条　雇佣合同可为某项确定的服务设定,也可为确定的或不确定的期限设定。

雇佣合同以雇员或雇主的终身为期限,或其期限超过 5 年的,雇员可在他服务 5 年后不支付赔偿地解除合同,但应提前 6 个月通知雇主。

第 679 条　确定期限的雇佣合同因其期限届满而当然终止。

雇佣合同终止后,当事人双方继续履行的,视为他们将之续展为不确定期限的雇佣合同。

第 680 条　完成约定工作的雇佣合同因该约定的工作完成而终止。

工作依其性质可以续展,当事人双方在约定的工作完成后仍继续履行合同的,视为合同已默示续展,期限为完成另一同样工作所需的时间。

第 681 条　如服务的客体不是习惯上无偿实施的工作或是实施人职业范围内的工作,推定提供服务旨在取得报酬。

第 682 条　个人雇佣合同或集体雇佣合同,或工厂规章均未规定工厂主应给付的工资的,应采用估算的同类工作的报酬为工资。如此行不通的,应按照工作履行地的行业惯例估算工资。无此等惯例的,法官应依公平原则估算之。

前款规则亦适用于确定提供的服务的种类和范围。

第 683 条　以下款项被视为工资不可分割的部分,并应在计算工资的附加部分时将它们考虑在内:

1.应支付给销售人员、商业推销员、商业代理人的佣金。

2.应支付给交易所雇员的以其促成的买卖的成交价确定的折扣,以及高成本的生活补贴。

3.对雇员的忠诚、家庭补贴以及其他类似事项支付的附加于雇员工资的赏金。但此等款项应满足如下条件:它们在个人雇佣

合同或工厂规章中已加以规定,或根据习惯应予支付,以致雇员视它们为工资的一部分而非赏金,且它们在实施财产扣押前具有可识别性。

第 684 条　小费不附加于工资,但在一定的工业或商业领域,习惯上的且存在调整规则的小费除外。

在客户向交易所雇员给付小费的情形下,如此等小费交付于将由雇主分发给此等雇员并受他监管的共同基金,它们被视为雇员工资的一部分。

在旅馆、饭店、咖啡馆和酒吧等行业,雇员可仅以他收受的小费和消费的食物作为工资。

二、雇佣合同的内容

雇员的义务

第 685 条　雇员必须:

1. 亲自提供劳务,并以常人之注意履行义务;

2. 服从雇主发出的属于约定的工作范围或受雇人职业范围的工作指示,但以此等指示不违反合同、法律或道德,且遵从它不会导致危险为限;

3. 保全为履行工作而委托他照管的物件;

4. 保守行业及商业秘密,即使合同终止后,亦同。

第 686 条　如委派给雇员的工作使他可熟知雇主的客户或接触到雇主的商业秘密,当事人双方可约定于合同终止后,雇员不得加入或参加与雇主相互竞争的任何企业。

上述约定仅在满足以下规定的条件下,方为有效:

1. 订立合同时雇员须已成年。

2. 对于时间、地点及工作性质的限制,仅限于对雇主合法利益提供必要保护。

第一编　债或对人权

　　3.如因雇员之外的原因,雇主非基于正当理由解除合同或拒绝续展合同,雇主不可援引上述约定。同样,雇员基于雇主的原因正当地解除合同的,雇主亦不可援引上述约定。

　　第 687 条　　如合同就违反竞业禁止规定了惩罚条款,此等惩罚条款是如此的严苛以致雇员在受雇期满之后仍被迫服务于雇主的企业,此等惩罚条款及全部竞业禁止条款,均属无效。

　　第 688 条　　雇主对雇员在受雇期间作出的发明不享有任何权利,即使雇员因他实施为雇主提供服务的工作而作出发明,亦同。

　　如雇员承担的义务的性质要求他利用全部时间从事发明,或雇主在合同条款中明确规定了他有权取得雇员所作的任何发明,雇员在履行义务过程中作出的发明归雇主。

　　如发明具有重大的经济价值,雇员在前款规定的情形下可请求根据公平原则估定的特别报酬。在估定此等报酬时,应考虑雇主提供的辅助之大小以及雇员使用相关设备的情况。

　　第 689 条　　除以上条款规定的义务之外,雇员还需履行特别法规定的义务。

雇主的义务

　　第 690 条　　雇主有义务按合同规定的时间和地点,或符合特别法相关规定的习惯上的时间和地点向雇员支付报酬。

　　第 691 条　　如雇佣合同规定雇员有权分得雇主的部分利润,或按照雇主总收入或节约的价值计算的分成,或类似性质的酬金作为约定工资之外的报酬或替代约定工资,雇主应在每次结算之后向雇员提供后者应得酬金的报告。

　　为核实上述报告,雇主还应向雇员,或双方共同指定的或法官指定的可以信赖的人提交所需的明细表,并允许他检查其账簿。

　　第 692 条　　如受雇的工人报告或声明已准备好实施雇佣合同规定的按日履行的雇佣工作,却因可归责于雇主的原因无法履行,

他仍有权取得该日的工资。

第 693 条　除以上条款规定的义务之外,雇主还需履行特别法规定的义务。

三、雇佣合同的终止

第 694 条　雇佣合同因期限届满或规定的劳务完成而终止,但不得违反第 678 条和第 679 条的规定。

雇佣合同未约定期限,根据合同的性质或目的仍无法确定期限的,当事人各方均有权终止与他方的雇佣关系,但在行使此等权利之前应通知他方,通知的方式和期限,由特别法规定。

第 695 条　一方当事人未遵守通知期限,或在通知期限届满前解除不确定期限雇佣的,应赔偿他方当事人在整个或剩余的通知期限内的损失。除前述期限内可挣得的约定工资,此等赔偿还包括约定的和规定的工资的所有附加部分,但受特别法的规定制约。

一方当事人任意解除合同的,他方当事人除取得因前者未遵守通知期限产生的赔偿,还有权就他因前者任意解除合同遭受的损害取得赔偿。不履行义务不视为任意解除合同,但此等义务涉及雇主应为的财产扣押,或涉及雇员与第三人缔结的债权的,不在此限。

第 696 条　雇员被解雇可取得赔偿,即使雇主不解雇雇员,但他以自己的行为,尤其以刁难性的待遇或违反合同规定的条件迫使雇员表现得如同终止了合同,即为已足。

因工作之必需,将没有实施过任何不当行为的雇员调配于不怎么优越或合适的岗位的,不视为间接的刁难行为。但此等调配的潜藏目的旨在冒犯雇员的,视为具有刁难性。

第 697 条　雇佣合同不因雇主的死亡而解除,但订立雇佣合同时雇主的人格是考虑的因素的除外。但雇员死亡的,雇佣合同

解除。

因雇员死亡或长期患病，或因其他不可抗力致使雇员不能继续工作而解除雇佣合同的，应遵守特别法的规定。

第 698 条 雇佣合同的诉讼时效为 1 年，自合同终止之日起算。但有关佣金、利润分成和总收入分成的诉讼时效，自雇主向雇员提供根据最后一次盘存制作的后者应得的酬金的报告时起算。

但前款规定的特别时效不适用于有关禁止窃取商业秘密的诉讼，或有关履行旨在确保遵守此等秘密的雇佣合同条款的诉讼。

第三章　委　任

一、委任的要件

第 699 条 委任是代理人为委任人的利益实施一定的法律行为的合同。

第 700 条 除非另有规定，委任应以实施作为委任客体的法律行为所要求的同一形式订立。

第 701 条 以未规定代理从事的法律行为的性质的一般条款订立的委任合同，仅授予代理人实施管理行为的能力。

准许期限不超过 3 年的租赁、保存和维护行为、收受债权及清偿债务，均属于管理行为。任何为管理工作所必需的处分行为，例如出售出产物、商品或容易损耗的动产，以及购买为委任的客体所必需的物品，例如其保存和利用工具，亦属于管理行为。

第 702 条 管理行为之外的其他任何行为须有特别的委任，特别是订立买卖合同、设定抵押、赠与、和解、承认、达成仲裁协议、在法院进行宣誓和起诉。

就特定种类的法律行为成立的特别委任有效，即使此等法律行为的客体未予明确规定，亦同，但赠与行为除外。

特别委任授予代理人的权力仅包括从事明确规定的事务,及从事务的性质和现时的惯例产生的必要的附随事务。

二、委任的效力

第 703 条　代理人应在规定的权限内实施委任。

但如代理人无法预先通知委任人,且根据具体情况可推定委任人同意他实施处分行为,代理人可超越其权限。在此等情形下,代理人应立即将其超越委任权限的事项通知委任人。

第 704 条　委任为无偿的,代理人应以管理自己事务的注意实施委任,但不必尽超常人的注意。

委任为有偿的,代理人应以常人的注意实施委任。

第 705 条　代理人应将他在实施委任过程中获取的一切必要的信息告知委任人,并向后者交付相关的账目。

第 706 条　代理人不可为自己的利益使用委任人的财产。

代理人为自己的利益使用委任人的款项的,他应支付此等款项自使用之日起算的利息。代理人还应支付他自代理账目负欠委任人的款项自收到催告之日起算的利息。

第 707 条　代理人为数人的,如代理不可分或委任人遭受的损害是由于他们共同的过错引起的,他们应承担连带责任。但承担连带责任的各代理人,对其共同代理人超越权限或滥用其代理权的行为,不承担责任。

如数个代理人由同一合同任命且未被授权分别实施委任,他们应共同实施行为,但受领给付或履行债务等不需要交换意见的行为,不在此限。

第 708 条　未经授权而以他人替代自己实施委任的代理人,应如同他自己实施委任一样对该替代人的行为承担责任。在此等情形下,代理人与其替代人承担连带责任。

如代理人被授权任命替代人,但未被具体指明以何人为替代

人,他仅就其选任替代人中的过错或向替代人发出的指示中的过错承担责任。

在上述两种情形下,代理人和替代人均享有对对方的直接追偿权。

第 709 条　除非另有明示的或从代理人状况推知的默示的合意,委任为无偿。

在就委任约定了报酬的情形下,报酬的数额受制于法官的评估,在委任实施后自愿给付了报酬的,则另当别论。

第 710 条　不管实施委任的结果如何,委任人均应向代理人返还正常实施委任支出的费用及其自支出时起算的利息。如实施委任需要委任人事先向代理人提供将用于委任事务的款项,委任人应按代理人的要求提供之。

第 711 条　委任人应就代理人在正常实施委任情形中非因其过错遭受的损害承担责任。

第 712 条　数人就某共同事务任命了一名代理人的,全体委任人应在代理人实施委任的过程中向代理人承担共同责任,但另有约定的除外。

第 713 条　第 104 条至第 107 条有关代理的规定,适用于委任人、代理人和与代理人进行交易的第三人之间的关系。

三、委任的终止

第 714 条　委任因委任事务完成、委任期限届满以及委任人或代理人一方死亡而终止。

第 715 条　即使另有约定,委任人亦可随时终止委任或限制委任的权限。在有偿委任的情形下,委任人不合时宜地撤销委任或撤销委任没有可接受的理由的,他应对代理人因此所遭受的损害承担赔偿责任。

但委任系为代理人或第三人的利益设立的,未经委任受益人

同意,委任人不可终止委任或限制委任的权限。

第 716 条　尽管有另外的约定,代理人仍可在任何时候向委任人送达辞职的通知辞去委任。在有偿委任的情形,代理人不合时宜地辞去委任或辞去委任没有可接受的理由的,他应对委任人因此所遭受的损害承担赔偿责任。

代理人不可辞去为第三人利益设立的委任,但存在辞去委任的重大理由,并将辞去委任通知了第三人且该第三人有充足时间采取保护其利益的必要措施的除外。

第 717 条　不论代理以何种方式终止,代理人都应将已经开始实施的委任事务置于不易遭受毁坏的状态。

在委任因代理人死亡终止的情形下,如代理人的继承人具备行为能力且知道此等委任,应立即将代理人死亡的事实通知委任人,并为委任人利益采取具体情况所要求的措施。

第四章　寄　托

第 718 条　寄托是当事人一方有义务受领他方交付的某物,负责安全保管并返还原物的合同。

一、保管人的义务

第 719 条　保管人应受领寄托物的交付。

未经寄托人明示或默示许可,保管人不可使用寄托物。

第 720 条　寄托为无偿的,保管人应以保管自己财产的注意保管寄托物,但不必尽超常人的注意。

寄托为有偿的,保管人应以常人的注意保管寄托物。

第 721 条　未经寄托人明示许可,保管人不可以以他人替代自己为保管,但保管人迫于紧急而绝对必要的事由任命替代人的除外。

第 722 条　　除非合同表明为保管人的利益规定了寄托期限，一经寄托人请求，保管人应立即返还寄托物。除非合同表明为寄托人的利益规定了寄托期限，保管人可于任何时候要求寄托人领取寄托物。

第 723 条　　如保管人的继承人诚信地出卖了寄托物，他仅有义务向寄托人返还他受领的价金，或向寄托人让与他对买受人的权利。但如该继承人无偿处分了寄托物，他应偿付转让寄托物时寄托物的价金。

二、寄托人的义务

第 724 条　　寄托通常为无偿，但当事人约定为有偿的，报酬应在寄托终止时支付，但另有约定的除外。

第 725 条　　寄托人应向保管人返还后者为妥善保管寄托物支出的费用，并赔偿后者因保管寄托物遭受的一切损失。

三、某些类型的寄托

第 726 条　　寄托物为一定数额的金钱或其他消费物，且保管人被授权使用该寄托物的，合同被视为消费借贷。

第 727 条　　旅店、客栈及其他类似行业的所有人，不仅应对旅客及寄宿者携带的物品尽保管的注意，还应对旅店或客栈的常住人员的行为承担责任。

但上述所有人仅在 50 埃镑的限额内，对现金、有价证券和贵重物品的损失承担责任，但他们在明知此等物品价值的情形下接受保管，或无正当的理由拒绝接受保管，或损害是由其重大过失或其雇员的重大过失造成的除外。

第 728 条　　旅客一旦发现物品被盗、灭失或毁损，应立即将此等情况通知旅馆或客栈的所有人。如他迟延履行通知，即丧失请求赔偿的权利。

对旅店或客栈的所有人主张权利的诉讼时效为 6 个月,自旅客离开旅店或客栈之日起算。

第五章　　讼争物寄托

第 729 条　讼争物寄托指当事人双方将权属存有争议或权利尚未证实的动产、不动产或此两者的结合物委托给第三人,由后者负责保管和管理,并将该物及其收益返还给权利得到确认的当事人的合同。

第 730 条　在下列情形下,法官可决定进行讼争物寄托:

1. 在第 729 条规定的情形下,利害关系人未能达成讼争物寄托协议的;

2. 动产或不动产的利害关系人有充分正当的理由担心,如此等财产仍由占有人控制将会发生紧迫危险的;

3. 法律规定的其他情形。

第 731 条　在下列情形下,可决定对瓦克夫财产进行讼争物寄托:

1. 瓦克夫财产的管理机构空缺,或数管理人或数位主张有权成为管理人的人之间发生诉讼,或就开除管理人提起诉讼的,在任何情形下,均必须证实此等寄托是保全利害关系人不确定之权利的不可或缺的方式。在前述情形下,讼争物寄托在该瓦克夫财产被指定了具有临时或限定能力的管理人时终止。

2. 瓦克夫陷入债务困境的。

3. 受益人之一是支付不能的债务人的。如瓦克夫财产可分,即使是临时分割,此等寄托应限于前述受益人的份额;如瓦克夫财产不可分,应对整个瓦克夫财产进行此等寄托。但在此两种情形下,此等寄托均应是针对管理人的不当管理或恶信行为而保护债

第一编　债或对人权

权人权利的唯一方式。

第 732 条　不考虑讼争物寄托系当事人约定设立或法官决定设立,保管人的任命均应经全体利害关系人一致同意。如他们无法达成一致同意,由法官任命之。

第 733 条　设定讼争物寄托的约定或判决应规定保管人的权利和义务,如未作此等规定,应适用寄托和委任的有关规定,但以与以下规定不相冲突为限。

第 734 条　讼争物保管人有义务保全和管理他受托管理的财产,并须以常人的注意为保管。

未经其他利害关系人同意,讼争物保管人不得直接或间接任命其中一位利害关系人为替代人,替代他履行其全部或部分义务。

第 735 条　讼争物保管人不可实施管理事务之外的其他行为,但经全体利害关系人同意或经法院许可实施的除外。

第 736 条　讼争物保管人有权取得报酬,但他放弃该权利的除外。

第 737 条　讼争物保管人应保存适格账簿。法官可强行要求他保存经法院盖章的账簿。

保管人每年向利害关系人至多提交一份附有证明文件的财产收支账目。在保管人是法官任命的情形下,保管人还应向法院登记处交存一份上述账目的副本。

第 738 条　讼争物寄托因全体利害关系人同意或法院判决终止而终止。

在此等情形下,讼争物保管人应将他受托管理的财产返还给由利害关系人选定的或由法官任命的人。

第四题　射幸合同

第一章　赌博和打赌

第 739 条　关于赌博或打赌的任何约定,均属无效。

赌博或打赌的输家可在自他支付输掉的赌金之时起 3 年内,请求返还此等赌金,即使当事人另有约定,亦同。他可以以任何方式证明此等赌金的支付。

第 740 条　第 739 条的规定不适用于参加体育比赛的竞技者之间的打赌。如此等打赌的赌金过高,法官可减少之。

第 739 条的规定亦不适用于法律许可的博彩。

第二章　终身年金

第 741 条　一方当事人可有偿或无偿地向他方当事人承担在后者生存期间提供定期年金的义务。

此种义务可以以合同或遗嘱设立。

第 742 条　终身年金可就受益人、年金设立人或第三人的生存期间设立。

如无另外的约定,终身年金被视为就受益人的生存期间设立。

第 743 条　终身年金合同仅在以书面形式订立,且不违背法律就赠与合同要求采用的特殊形式的条件下,方为有效。

第 744 条　仅在以赠与方式设立时,终身年金才可设定为不可扣押。

第 745 条　年金受益人仅有权就年金设立人的生存日数取得

第
一
编

债
或
对
人
权

年金。

但约定应预先支付年金的,年金受益人有权取得已到期之期次的年金。

第 746 条　如年金债务人不履行其债务,年金受益人可请求履行合同。如合同为有偿,年金受益人还可主张解除合同,并请求赔偿由此遭受的损失。

第三章　保险单

一、一般规定

第 747 条　保险是保险人向投保人收取分期付款或其他金钱给付,当保险单规定的事故或风险发生时,向投保人或为其利益而订立保险合同的受益人支付一定金钱、一笔年金或其他金钱补偿的合同。

第 748 条　本法就保险单未作出有关规定的事项,由特别法调整。

第 749 条　特定风险不发生就归属于当事人的任何合法经济利益,均可成为保险标的。

第 750 条　保险单规定的下列条款,均属无效:

1. 规定因违反法律或法规而丧失保险金请求权的条款,但此等违反构成重罪或蓄意的轻罪的除外;

2. 规定投保人因迟延向当局汇报保险事故或迟延递交相关文件而丧失保险金请求权的条款,但以具体的情况表明此等迟延可以原谅为限;

3. 任何未以清楚且明显的方式印刷的,涉及无效情形或权利丧失情形的条款;

4. 插入保险单的普通印刷条款之内,而不是独立于普通条款

的特别协议的仲裁条款；

5.表明违反它对保险事故没有任何影响的任何其他专断条款。

第 751 条　保险人仅在保险金额的范围内,向投保人赔付保险标的因保险事故所受的损失。

第 752 条　保险单所生权利的诉讼时效为 3 年,自导致此等诉讼的事由发生之日起算。

但前款规定的时效期限不适用以下情形：

1.投保人隐瞒保险事故,或提交虚假的或不真实的保险事故的具体情况的,在此等情形下,自保险人知道此等事实之日起算诉讼时效；

2.发生属于投保的保险事故的,在此等情形下,自利害关系人知道该事故之日起计算诉讼时效。

第 753 条　违反本章规定的任何约定,均属无效,但有利于投保人或受益人的除外。

二、某些类型的保险

人寿保险

第 754 条　在人寿保险中,发生保险事故,或保险单规定的期限届满时,保险人应向被保险人或受益人给付保险金,在此等情形下,无须证明被保险人或受益人遭受了损失。

第 755 条　以第三人的生命为标的的人寿保险,仅在该第三人在保险单签发之前以书面方式表示同意的情形下,方为有效。如该第三人为无行为能力人,保险单应经其法定代理人同意。

让与保险利益或就该利益设定抵押,亦经上述当事人同意,方为有效。

第 756 条　被保险人自杀的,保险人免负支付保险金的义务。

但保险人应向被保险人的权利义务继受人支付与保险费的现金价值相等的款项。

如被保险人自杀系由致使他丧失意志力的疾病引起,保险人的全部义务保持不变。保险人应证明被保险人因自杀死亡,受益人应证明被保险人在自杀时已丧失意志力。

如保险单的某一条款规定,即使被保险人在自愿且有判别能力时自杀保险人仍有支付保险金的义务,则在保险单签发 2 年后被保险人自杀的,此等条款方为有效。

第 757 条 投保人以第三人的生命为标的订立人寿保险的,如该第三人的死亡系由投保人故意或唆使造成,保险人免负其相关义务。

人寿保险系为投保人之外的第三人的利益订立的,如被保险人的死亡系由该第三人的故意或唆使造成,该第三人丧失其权利。如此等谋害未遂,即使该第三人已经接受为其利益约定的保险利益,投保人亦可另外指定受益人。

第 758 条 人寿保险合同可约定向已指定的人或投保人嗣后指定的人支付保险金。

如投保人在保险单中表明保险系为其配偶、已经出生的或尚未出生的子女或其卑亲属的利益订立,或为未指明名字的继承人的利益订立,则该保险被视为已为指定的受益人的利益订立。在最后一种情形下,各继承人有权按其继承份额的比例获得保险金,即使他们放弃继承权,此等权利亦移转于他们。

前款所称的配偶指在投保人死亡时拥有此等身份的人。前款所称的子女指在投保人死亡时享有继承权的卑亲属。

第 759 条 在当期保险期限届满之前,负有支付定期保险费义务的投保人可随时书面通知保险人解除保险合同。在此等情形,投保人不再负义务支付尔后的保险费。

第 760 条 在非以被保险人在特定期间生存着为条件的保险

单中,以及在约定于特定年限后支付保险金的保险单中,尽管另有约定,缴纳了至少 3 年保险费的被保险人可将原保险单转换为已缴足款的保险单以取得折算的保险金。但在上述各情形中,保险事故须将确定地发生。

临时人寿保险单不可减额缴清。

第 761 条　减保应遵守下列规定:

1. 在就被保险人全部生存期间订立的保险单中,减少的保险金不得低于此等减少时可属于被保险人的与保险单的现金价值相等的金额,并减去原保险金的 1‰,此等 1‰ 部分的金额构成按原保险合同订立时的保险费率计算的与上述性质一致的保险合同的单一保险费。

2. 在约定于特定年限后支付保险金的人寿保险单中,减少的保险金不得低于按照已缴纳的保险费数额的比例计算的一定比例的原保险金。

第 762 条　如保险事故将确定地发生,已缴纳了 3 年保险费的投保人亦可退保。

临时人寿保险不可退保。

第 763 条　减保或退保条款被视为保险单普通条款的一部分,因此应在保险单中载明。

第 764 条　在虚报或误报被保险人年龄的情形下,保险单仅在被保险人的真实年龄超过确定此等保险单的保险费率的年龄限制时,无效。

在其他情形下,如约定的保险费因虚报或误报年龄而低于应缴的保险费,保险金应按照约定的保险费与根据真实年龄应缴的保险费的比例予以减少。

但如约定交付的保险费高于根据真实年龄应缴的保险费,保险人应将多收的保险费不负利息地返还,并将尔后的保险费减至与被保险人的真实年龄相符的限度。

第 765 条　人寿保险单的保险人支付了保险金后,不可代位行使被保险人或受益人对保险事故制造人或责任人享有的权利。

火灾保险

第 766 条　火灾保险的保险人应对火灾、可成为真正火灾的火灾险情或可能引发火灾的危险事故造成的全部损害承担责任。

保险人的责任范围不仅包括火灾造成的直接损害,还包括因此造成的必然损害,特别是为阻止火灾扩大而实施的救助或预防措施给保险标的造成的损害。

保险人应对火灾中保险标的的灭失或丢失承担责任,但能证实此等灭失或丢失系盗窃所致的除外,即使另有约定,亦同。

第 767 条　即使火灾造成的损害系保险标的自身的瑕疵所致,保险人亦应承担责任。

第 768 条　对投保人非故意的过错造成的损害以及意外事件或不可抗力造成的损害,保险人应承担责任。

即使另有约定,对投保人故意或欺诈性的行为造成的保险标的的灭失和损害,保险人不承担责任。

第 769 条　对投保人为他承担责任的人造成的损害,无论此等人的过错性质和程度如何,保险人均应承担责任。

第 770 条　如保险标的被设定了质押、抵押或其他物的担保,债权人享有的担保权利应移转至债务人依保险单应得的保险金。

在甚至以挂号信通知或告知保险人此等权利的情形下,保险人经债权人同意,方可将他负欠的保险金支付给投保人。

在保险标的被扣押或进行讼争物寄托的情形下,如保险人收到前款规定的方式作成的通知,他不可将他负欠的保险金支付给投保人。

第 771 条　保险人可在他承担的赔付责任的范围内,依法代位行使投保人对肇事人享有的诉权,但此等肇事人是与投保人共

同生活的血亲或姻亲,或是投保人为他的行为承担责任的人的除外。

第五题　保　证

第一章　保证的要件

第 772 条　保证合同是保证人担保债务的履行,在债务人未履行债务的情形下,由保证人向债权人履行债务的合同。

第 773 条　即使有证据证明主债存在,保证合同亦只能以书面形式订立。

第 774 条　债务人提供保证人的,他提供的保证人须具有偿债能力且居住于埃及,他可不提供保证人而提供充分的物的担保。

第 775 条　在债务人不知晓和尽管他反对的情形下,亦可设立保证。

第 776 条　保证合同仅在被担保的债有效时,方为有效。

第 777 条　保证人因限制行为能力人的限制行为能力状态而为后者的债务提供保证的,如被保证人未能履行债务,他应履行之。

第 778 条　可为金额已预先确定的将来之债设立保证,亦可为附条件之债设立保证。

但为将来之债设立的保证未规定保证责任期间的,只要被担保的债尚未设立,保证人就可随时撤销保证。

第 779 条　为商事债务设立的保证被视为民事行为,即使保证人为商人,亦同。

但为临时融资或商业票据的背书设立的保证,被视为商事行为。

第一编　债或对人权

第 780 条　保证责任不可超出债务人的债务金额,其所附的条件亦不可比被保证的债务所附的条件严苛。

但可就低于主债的金额或以较主债所附条件更为宽松的条件设立保证。

第 781 条　如无特别约定,保证责任扩及从债、债权人首次主张债务履行的费用以及保证人受催告后可能产生的此等其他费用。

第二章　保证的效力

一、保证人与债权人的关系

第 782 条　保证人的责任随债务人的责任消灭而消灭。保证人享有债务人对抗债权人的一切抗辩。

但债务人以他为限制行为能力人进行抗辩,而保证人在缔约时知道此等事实的,保证人不可援引此等抗辩。

第 783 条　债权人接受了某种其他物代替债务履行的,即使此等物被追夺,保证人的责任亦解除。

第 784 条　在债权人因其过错丧失的担保的范围内,保证人的责任相应地消灭。

本条规定的担保指任何旨在担保债权实现的担保,包括在保证成立之后设立的担保和法定担保。

第 785 条　仅有债权人迟延起诉或未起诉的事实,保证人的责任不消灭。

但债权人自收到保证人的催告之日起 6 个月内未对债务人起诉的,保证人的责任消灭,但债务人向保证人提供了充分担保的除外。

第 786 条　在债务人被裁定破产的情形下,债权人应在破产

程序中证明其债权,以免他在因其疏忽给保证人造成的损害的范围内,丧失向保证人求偿的权利。

第 787 条　债权人获得保证人的清偿时,应向保证人移交保证人向债务人追偿所必需的文件。

债务受质押的动产或扣押的动产担保的,债权人应将此等担保物移交给保证人。

但如债务的担保为不动产负担的担保,债权人应办理移转此等担保所必需的手续,但此等移转的费用由保证人承担,保证人就此等费用对债务人享有追偿权。

第 788 条　债权人仅在他起诉了债务人之后,方可单独向保证人请求履行。

债权人仅在用尽了债务人的财产之后,方可执行保证人的财产。在此等情形下,保证人应主张检索抗辩权。

第 789 条　如保证人主张检索抗辩权,他应以自己的费用向债权人指出债务人足以清偿全部债务的财产。

保证人指出的债务人的财产位于埃及境外,或属于有争议的财产的,应不予考虑。

第 790 条　在保证人指出债务人的财产的任何情形下,债权人应就他未及时提起必要诉讼造成的债务人的支付不能向保证人承担责任。

第 791 条　根据法律的规定或当事人的约定在债务上设定了物的担保的,如保证设立于该物的担保之后或与之同时设立,且未规定保证人与债务人承担连带责任,则保证人的财产仅在此等担保财产被执行完毕后方予执行。

第 792 条　在数个保证人依同一合同为同一债务承担保证责任的情形下,如未规定该数个保证人承担连带责任,则债务应在他们之间分割,债权人仅可在各保证人应承担的保证责任份额的范围内向他们行使权利。

第一编　债或对人权

如数个保证人依相续的数个合同为同一债务承担保证责任，各保证人应对全部债务承担责任，但保留了分割保证责任权利的保证人除外。

第 793 条 与债务人承担连带责任的保证人不可主张检索抗辩权。

第 794 条 连带保证人可主张一般保证人享有的有关债务的一切抗辩。

第 795 条 在裁定的或法定的保证的情形下，各保证人总应承担连带责任。

第 796 条 数保证人在他们之间存在连带责任的，清偿了到期债务的保证人，可就其他各保证人应分担的债务份额和此等其他各保证人就他们中的支付不能者的部分应分担的份额，向他们行使追偿权。

第 797 条 可为保证人设立保证，在此等情形下，债权人不可向保证人的保证人请求承担保证责任，但该两者负连带责任的除外。

二、保证人与债务人的关系

第 798 条 保证人在清偿债务前应通知债务人，否则，如债务人已清偿，或债务到期时有理由主张债务无效或消灭，保证人丧失他对债务人的追偿权。

如债务人不反对保证人清偿债务，即使他已清偿或有理由主张债务无效或消灭，保证人仍对债务人享有追偿权。

第 799 条 清偿了债务的保证人可代位行使债权人对债务人享有的权利，但为部分清偿的保证人仅在债权人从债务人处获得全部偿付后，方可就其清偿金额行使追偿权。

第 800 条 清偿了债务的保证人均对债务人享有追偿权，保证为债务人知道或不知，在所不问。

　　保证人的追偿权范围包括主债务金额、利息以及自他通知债务人他本人被起诉之日起支出的费用。

　　保证人有权取得他支付的全部款项依法定利率计算的利息，此等利息自支付之日起算。

　　第 801 条　　保证人为同一债务的数连带债务人之全体承担保证责任的，他可就他为债务支付的全部款项向任一债务人行使追偿权。

第一编　债或对人权

第二编　物　权

第三分编　主物权

第一题　所有权

第一章　所有权的一般规定

一、范围和保护方式

第 802 条　仅物之所有人对其物享有在法定的限度内使用、利用和处分的权利。

第 803 条　物之所有人的权利及于物之一切基本成分，以及不经造成此等物灭失、损坏或改变即不可与之分离的一切成分。

在其高度和深度对享用土地有益的范围内，土地所有权及于地表上下。

根据法律规定或约定，地表可与地上部分或地下部分分别设立所有权。

第 804 条　如无法律规定或约定，物之所有人有权取得物的所有孳息、出产物及从物。

第 805 条　非因法定事由非经法定程序，以及非经给予公平补偿，任何人的所有权均不受剥夺。

二、所有权的限制

第806条　所有人行使其权利必须遵守法律、法令及法规涉及公共利益和私人利益的规定,以及以下规定。

第807条　所有人不得滥用权利损害邻人的财产。

就相邻关系产生的不可避免的习惯上的不便,一方邻人不可请求他方邻人赔偿,但如此等不便超出了通常限度,他可请求予以排除。在此等情形下,惯例、不动产的性质、不动产相互的位置及其使用目的均应予考虑。此等权利的行使不因主管当局颁发许可证而受阻碍。

第808条　建造人对其铺设的私用水渠或排水设施有排他使用权。

但在建造人的使用需要得到满足的条件下,相邻所有人因其土地的灌溉和排水之需可使用此等设施。在此等情形下,相邻所有人应根据其受益土地的面积大小支付建造及维护此等设施的费用。

第809条　土地所有人在得到充分补偿的条件下,应允许为灌溉远离水源的土地所需的水流通过其土地,还应允许邻地排出的水流通过其土地流至最近的公共排水设施。

第810条　如所有人的土地因通过它的水渠或排水设施遭受损害,土地所有人可请求充分赔偿他所受的损害,此等损害系疏于清理此等设施或系此等设施的沟渠的不良状态引起,在所不问。

第811条　水渠或排水设施的数使用人未就实施必要的修理达成一致协议的,可应他们中任一人的请求,强制他们分担此等修理费用。

第812条　土地与公共道路隔离或无通向公共道路的适当通道的,如土地所有人为通至公共道路须花费过高的费用或有重大困难,他就以正常方式利用和使用其土地对相邻土地享有通行权,

第二编　物权

但以其土地持续地与公共道路相隔离为限,并须支付公平的补偿。此等通行权仅可对不动产行使,并应选择造成最小损害的通道。

但因法律处分而分割财产带来土地与公共道路隔离的,如在此等财产的部分上可提供适当的通道,则仅可对该部分土地主张通行权。

第 813 条   各所有人均有权强制其邻人在他们毗邻的财产之间设置分界线,设置分界线的费用由他们分担。

第 814 条   分界墙的共有人可按分界墙的使用目的使用之,也可在其上支搭支撑其房顶的梁木,但以分界墙不承受过重的负担为限。

如分界墙已不适于其使用目的,各共有人应按其份额比例分担修理或重建该分界墙的费用。

第 815 条   如有正当的事由,分界墙的共有人一方可以以不给他方造成重大损失为限,加高分界墙,他应单独承担加高费用以及维护此等加高的部分,并实施必要的工作使分界墙能承载加高所增加的负担,使其稳固强度不受影响。

如分界墙不适于承受加高,意欲加高的共有人应以自己的费用重建整堵分界墙,并尽量使墙体的加厚部分位于自己一侧,除该被加高的部分外,重建后的分界墙仍为共有,在此等情形下,加高分界墙的共有人无权请求补偿。

第 816 条   未分担加高费用的邻人支付了一半的加高费用,以及加厚部分占据的土地价值的一半的,即可成为加高部分的共有人。

第 817 条   如无另外的证明,建造时用以分隔两座相邻建筑物的墙体,在前述相邻建筑物共同高度的部分,被视为分界墙。

第 818 条   所有人不可强制其邻人圈围其财产,亦不可强制其邻人让与其墙体或墙体占据的土地部分,但第 816 条规定的情形除外。

但墙体的拆除将损害其财产被该墙体围绕的邻人的，墙体的所有人无正当理由不可任意拆除之。

第 819 条　一邻人不可在小于 1 米的距离内直线眺望其邻人的财产。此等距离从眺望处的墙壁的背面或凸肚窗或凸出物的外沿起算。

如一邻人以时效取得获得了在小于 1 米的距离内直线眺望其邻人财产的权利，他无权在小于 1 米的距离内为建筑，此等距离应沿着眺望处的建筑物的边长按前款规定的方式计算。

第 820 条　一邻人不可在小于 50 厘米的距离内为斜线眺望，此等距离从眺望处的外沿起算，如斜线眺望邻人财产处同时面向公共道路，则此等禁止不予适用。

第 821 条　开启天窗不受距离限制。但天窗的基座应高于常人的身高，并且它是用来通风和采光，而不是用来眺望邻人财产。

第 822 条　工厂、井体、蒸汽机及其他有害于邻人的营造物，应以法规规定的距离和条件建造。

第 823 条　规定了禁止财产处分的合同或遗嘱无效，但它出于合法动因，且限定于合理的期限的除外。

如禁止处分旨在保护处分人或处分行为的受益人或第三人的合法利益，则是出于合法动因。

合理的期限可以是让与人、受让人或第三人的整个生存期限。

第 824 条　违反依第 823 条有效成立的禁止处分条款的任何处分行为，均属无效。

三、共　有

共有的一般规定

第 825 条　两人或多人对一物享有所有权，而未划分其各自份额的，他们被视为该物的共有人，如无其他证明，他们各自的份

第二编　物权

额被推定为相等。

第 826 条　共有财产的各共有人对其份额享有完全的所有权,他可处分、收取此等份额的孳息,并可以以不损害其他共有人权利的方式使用此等份额。

但如处分行为系针对共有财产的某特定份额,而该份额在共有财产分割时未被列入处分人的财产,受让人的权利自处分之日起移转至处分人分得的部分。如受让人不知道处分人非为他处分的财产中的特定份额的所有人,可主张处分行为无效。

第 827 条　如无另外的约定,共有财产的管理权属于全体共有人。

第 828 条　多数共有人作出的一般经营管理决定约束全体共有人。此等多数依共有份额的价值计算。如不能形成多数,法院可依共有人之一的申请,采取具体情况所要求的有益的措施,并根据需要为共有财产指定一名管理人。

多数共有人亦可选任管理人,并可就管理共有财产及适当使用共有财产制定规则,此等规则亦适用于共有人的概括相续人或特定相续人。

其中一共有人负责实施共有财产之管理,其他共有人未提出反对意见的,他被视为他们的代理人。

第 829 条　为更好享用共有财产,拥有共有财产至少 3/4 份额的数共有人可超越管理的一般权限,通过更改共有财产的用途和修正其用途的决定,但应将此等决定送达其他共有人。有异议的共有人有权自受送达之日起 2 个月内向法院起诉。

受理该诉讼的法院许可多数共有人的决定的,可命令采取适当措施,尤其可命令为持有异议的共有人提供担保,以确保此等共有人可能遭受的任何损害得到赔偿。

第 830 条　各共有人均可为保全共有财产采取必要的措施,即使未经其他共有人同意,亦同。

第 831 条　各共有人应依其份额比例承担共有财产的管理费用、保全费用、应缴税款以及基于共有关系产生的或规定的其他费用,但另有约定的除外。

第 832 条　基于重大理由,拥有共有财产至少 3/4 份额的数共有人可通过处分共有财产的决定,但应将此等决定送达其他共有人。任一共有人对此等决定有异议的,可自受送达之日起 2 个月内向法院起诉。如共有财产的分割损害共有人的利益,法院可根据具体情况作出此等处分是否必要的判决。

第 833 条　在分割共有财产之前,动产、集合财产的共有人可收回其中一共有人协议出卖给非为共有人的第三人的份额。此等收回权应自他知道或被送达了买卖的通知之日起 30 天内行使。行使收回权应以向出卖人或买受人发出通知的方式为之。收回权人已向买受人为全部补偿的,即代位行使买受人的权利并承担其义务。

数个共有人甘愿行使前款规定的收回权的,他们均有权按各自份额的比例行使之。

以分割终止共有

第 834 条　除根据法律规定或当事人的约定必须维持共有关系外,任何共有人均可请求分割共有财产。当事人约定的禁止分割共有财产的期限不可超过 5 年,当事人约定的期限未超过此等限制的,此等约定约束共有人及其权利相续人。

第 835 条　在全体共有人一致同意的情形下,共有人可采用他们认为适当的方法分割共有财产,如共有人中有限制行为能力人,应遵守法律课加的程序。

第 836 条　如部分共有人不同意分割共有财产,希望脱离共有关系的共有人应向简易法院起诉前者。

法院应在它认为必要时指定一名或数名专家对共有财产进行

第二编 物权

估价并予分割,但以共有财产在性质上可分且其价值不因分割发生明显减损为限。

第 837 条 专家应以最小的份额为基数确定分配的份额,即使为部分分割,亦同。如无法按照此等基数分割,他应将各独立的部分分配给各共有人。

如其中一共有人不能以实物形式分得他的全部份额,应向他支付等于其份额差额的补偿金。

第 838 条 简易法院应就有关独立部分的构成,以及属它管辖的其他争议作出裁决。

它须将不属它管辖的争议移送至初级法院,并确定当事人出庭的日期。在此等争议最终解决之前,共有财产的分割程序中止。

第 839 条 通过驳回判决程序①争议已获解决并且份额已获分割的,简易法院应作出判决将已分割的归各共有人所有的部分分配给他。

通过驳回判决程序份额未获分割的,应通过抽签方式分割,法院应将此情形制作笔录并作出判决将各共有人分得的部分分配给他。

第 840 条 如其中一共有人不在或无行为能力,法院应在分割判决成为终审判决后,按照法律的规定追认此等分割。

第 841 条 如共有财产不能进行实物分割或实物分割会对其价值带来重大减损,应按照《民事诉讼法》规定的方式出卖之,如共有人一致请求拍卖,拍卖仅限于在此等共有人之间进行。

第 842 条 各共有人的债权人可对未经他们参与的共有财产实物分割或拍卖提出异议。此等异议应通知全体共有人,并使各共有人有义务让异议债权人参与一切诉讼,否则分割对此等债权

---

① 被告直到判决作出后甚至在法庭执行官联系他时才知道有人向他提出的主张的,可联系法庭并申请驳回判决——校者注。

第二编 物权

人无效。在任何情形下,在提起分割诉讼之前权利已获登记的债权人应一并参与诉讼。

如共有财产已经分割完毕,未参与分割的债权人不可对此提出攻击,但存在欺诈的除外。

第 843 条　各共同分割人自他成为共有财产的共有人之时起,即被推定为归他所有的份额的所有人,而对其余部分从未享有所有权。

第 844 条　就分割前的原因造成的妨害或第三人对所有权的追夺,共同分割人之间相互承担担保责任。各共同分割人应依其份额比例,并经考虑分割时共有物的价值补偿有权取得担保的人遭受的损失。如共同分割人之一发生支付不能,他所承担的份额应由有权取得担保的人和全体有支付能力的共同分割人分担。

如有在产生担保责任的特殊情形下放弃担保的明确约定,共同分割人无须承担担保责任。如共同分割人遭受第三人追夺系自己的过错所致,其他共同分割人无须承担担保责任。

第 845 条　如其中一共同分割人能证明他因协议分割遭受的损失超出其份额价值的 1/5,他可请求撤销该分割协议,但于此情形应考虑分割时共有财产的价值。

此等诉讼应在分割后 1 年内提起。如被告以货币或种类物补足了原告的份额差额,他可终止诉讼,并阻止对共有财产进行新的分割。

第 846 条　在临时用益分割的情形下,共有人可内部约定他们各自享用与其共有份额相等的分割部分,而为其他共有人的利益放弃享用其他部分。此等协议的有效期限不超过 5 年。如协议未约定期限或约定的期限届满而未订立新协议,此等协议的期限应续展 1 年。但其中一共有人在期限届满的当年年终前的 3 个月内向其他共有人送达拒绝续展协议的通知的除外。

除非共有人另有约定,此等分割持续了 15 年的,即转化为永

久分割。如其中一共有人对共有财产之一部分的占有持续了 15年,此等占有被推定为根据临时用益分割协议取得。

第 847 条　共有人约定各共有人在按其共有财产份额比例计算的期间内,交替享用共有财产之整体的,亦可成立临时用益分割。

第 848 条　有关共有财产的临时用益分割对第三人的效力、共同分割人的行为能力、①共同分割人的权利和义务以及证明方式等事项,在与分割的性质不相冲突的范围内,适用租赁合同的规定。

第 849 条　在永久分割的过程中,共有人可约定进行临时用益分割。此等分割的效力持续至永久分割完成之时。

如共有人未能就临时用益分割达成协议,简易法院的法官可依其中一共有人的申请,在必要时决定在专家的协助下强制分割。

强制性的共有

第 850 条　财产被设定的目的表明此等财产应一直维持其共有属性的,此等财产的共有人不可请求分割之。

家庭所有权

第 851 条　因共同劳动或有共同利益而联合在一起的同一家庭的成员,可以以书面形式设立家庭所有权。设立家庭所有权的财产要么是他们约定为家庭共有财产的所继承之遗产的全部或一部分,要么是归他们所有的并经他们同意设立此等家庭所有权的任何其他财产。

第 852 条　可约定设立超过 15 年的家庭所有权。但有重大的正当理由的,任何共有人均可申请法院许可在此等期限届满之

---

①　英译本的原文在此处没有用标点符号将前后隔开,经英译者更正,该处应添加顿号——译者注。

前分出其家庭所有权份额。

如未就家庭所有权设定期限,任何共有人均可自他向其他共有人送达脱离共有关系的通知之日起 6 个月之后,分出其家庭所有权份额。

第 853 条　在家庭所有权存续期间,共有人不可申请分割此等所有权。任何共有人不可将其份额处分给家外人,但经全体共有人同意的除外。

家外人经其中一共有人同意或不顾其反对取得后者的份额的,他仅经该共有人和其他共有人同意,方可成为该家庭所有权中的共有人。

第 854 条　拥有共有份额价值之主要部分的数共有人可指定他们中一人或数人管理共有财产。管理人可采取诸如将改善此等财产的享用方式而改变家庭所有权设立目的的措施,但另有约定的除外。

即使另有约定,亦可以与任命方式相同的方式解除管理人之职务。如有重大的正当理由,法院亦可应一共有人的申请解除之。

第 855 条　在不违反上述规定的条件下,共有及委任的有关规定适用于家庭所有权。

建筑物楼层所有权

第 856 条　建筑物占据的土地,以及建筑物为共同使用的部分,特别是地基、主墙、主门、院子、屋顶、电梯、通道、回廊、楼层支柱、楼层或单元房之外的各种管道,被视为楼层或单元房的数所有人共有。在任何情形下,都以权属证书无相反记载为限。

建筑物的此等共有部分具有不可分性。各所有人应按其专有部分价值的比例分享此等共有部分。任何此等所有人均不可将此共有部分与其专有部分分开处分。

分隔相邻两套单元房的分隔物,由该毗邻单元房的所有人共

第二编　物权

有。

第 857 条　在不损害其他共有人享用共有部分的条件下，各所有人均可按共有部分的使用目的自由使用之。

如未经全体所有人同意，不可对共有部分实施改造，即使为重建，亦同。但一所有人以自己的费用实施改造，而此等改造有便于该共有部分的使用，又未改变其使用目的，也未给其他所有人造成损害的除外。

第 858 条　建筑物共有部分的保全、维护、管理和重建所需的费用由各所有人分担。除非另有约定，各所有人应按照其专有部分价值的比例承担此等费用。

任一所有人均无权以放弃其共有部分的份额免于分担前款规定的费用。

第 859 条　低楼层所有人应为防止高楼层倒塌实施必要的工作和修理。

低楼层所有人拒绝实施此等修理的，法官可决定将此等低楼层出售，且在任何情形下紧急事务法官均可决定实施紧急修理。

第 860 条　如建筑物倒塌，低楼层所有人应重建其楼层。如他不重建，法官可决定将该低楼层出售，但高楼层所有人请求以低楼层所有人的费用重建的除外。

在后一种情形下，高楼层所有人有权在低楼层所有人付清负欠的费用之前，禁止后者占有和享用其楼层。他还可经法院许可出租或占有该低楼层以实现债权获偿。

第 861 条　高楼层所有人加高建筑物不可给低楼层所有人造成损害。

建筑物楼层所有人大会

第 862 条　区分为数层或数单元的建筑物的共有人之间可成立楼层所有人大会。

第二编　物　权

　　楼层所有人大会的成立目的可以是建造或购买不动产,并将该不动产各部分的所有权分配给其成员。

　　第 863 条　为更好享用和管理共有的不动产,经全体成员同意,楼层所有人大会可制定章程。

　　第 864 条　如无管理章程或管理章程未就某事项作出规定,楼层所有人大会有权管理共有部分,其管理决议亦具有约束力,但以它以挂号信向所有利害当事人发送了参加会议通知,且此等决议获经所有人的多数票通过为限。此处的多数的计算标准是各所有人的所有权份额的价值。

　　第 865 条　楼层所有人大会可经第 864 条规定的多数票通过,就威胁建筑物或全体共有人的危险投保集体保险。楼层所有人大会还可允许建造增加全部或部分共有不动产的价值的工作物或设施,由此支出的费用由请求实施此等建造的人负担,此等建造还应遵守楼层所有人大会规定的条件、履行此等大会规定的给付补偿金和其他为各共有人利益的义务。

　　第 866 条　楼层所有人大会应有一名负责人执行其决议,该负责人之任命应经第 864 条规定的多数票通过。如未形成多数,不动产所在地的有管辖权的初级法院的院长应一共有人的申请,在传唤了其他共有人并听取了他们的意见之后,应发布决定任命一名负责人。除非章程另有规定,该负责人在必要时可自行采取措施保护、监管及维护全体共有部分,并请求任何利害当事人履行此等义务。

　　负责人应代表楼层所有人大会出庭,甚至在涉及楼层所有人的诉讼的必要情形,亦同。

　　第 867 条　负责人的报酬应由任命他的大会决议或法院的决定确定。

　　以第 864 条规定的多数票通过的决议,可解雇负责人。不动产所在地有管辖权的初级法院的院长在传唤了共有人并听取了他

第二编　物　权

们的意见之后,亦可发布决定解雇负责人。

第 868 条　建筑物因火灾或其他原因灭失的,除非有相反的约定,以第 864 条规定的多数票通过的重建建筑物的决议,约束全体共有人。

如楼层所有人大会决定重建建筑物,因建筑物灭失产生的赔偿费用应用于重建,但不可损害已登记的债权人的权利。

第 869 条　一共有人的借贷由楼层所有人大会为其履行债务提供担保的,该借贷就该共有人的专有部分及他在共有部分中的份额享有优先权。

前款规定的优先权的顺位效力自其登记之日起产生。

第二章　所有权的取得

一、先 占

无主动产的先占

第 870 条　以先占的意思占有无主动产的人,取得该动产的所有权。

第 871 条　所有人以放弃所有权的意思抛弃动产的,该动产成为无主物。

非驯养的动物,只要它们处于自由之中,则为无主物。被捕获的动物在尔后获得释放的,如所有人未立即寻找或停止了寻找,则该动物成为无主物。驯养的动物丧失返回为其配置的场所的习惯的,重新成为无主物。

第 872 条　所有权无法证实的埋藏或隐藏于不动产之中的财宝,归该不动产的所有人或其空虚所有权人所有。

在瓦克夫财产中发现的财宝,归瓦克夫设立人及其继承人所

有。

第 873 条　捕鱼权、狩猎权、对拾得物的权利以及对古物的权利,由特别法规调整。

无主不动产的先占

第 874 条　无主耕地属于国家财产。

此等耕地不适用先占,亦不可被占有,但取得政府根据法规颁发的许可证的除外。

但埃及公民在未开垦的土地上为耕作、种植或建筑的,可取得其耕作或种植或建筑部分的土地的所有权,即使未经政府授权,亦同。但自取得所有权之日起 15 年内,连续 5 年停止使用的,丧失此等所有权。

二、继承和遗产清算

第 875 条　遗产份额的证明和分配,以及移交遗产于继承人,适用伊斯兰沙里亚律令和相关的制定法。

遗产的清算,适用以下规定。

遗产清算人的指定

第 876 条　被继承人未指定遗嘱执行人的,法院应依一利害关系人请求,在它认为必要时指定继承人合意选定的一人为遗产管理人,在他们未达成此等合意时,法官应在听取了继承人的陈述之后,尽可能在继承人中选定一名遗产管理人。

第 877 条　被指定为遗产管理人的人可根据委任的有关规定拒绝接受此等指定,或在接受指定之后辞去该职务。

法官亦可应一利害关系人或公诉人申请,或不经此等申请,在具有正当事由的情形下解除遗产管理人之职务,并为另行指定。

第 878 条　法官应对被继承人作出的遗嘱执行人的指定进行

确认。

可适用于遗产管理人的规定同样适用于遗嘱执行人。

第 879 条　法院的书记员应逐日将法院指定遗产管理人和确认遗嘱执行人的决定登记于一般的登记簿,在此等登记簿内应按字母索引形式登记被继承人的名字。解除的决定和拒绝承认的决定应在该登记簿的附注栏内注明。

有关指定遗产管理人的决定的登记,对与继承人进行不动产遗产交易的第三人,具有与第 914 条规定的登记同样的效力。

第 880 条　一经指定,遗产管理人即应占有遗产,并在法院的监督之下清算遗产。遗产管理人可向法院申请支付与他履行的义务相应的报酬。

清算费用应由遗产支付。此等费用享有与司法费用同一顺位的优先权。

第 881 条　法院在必要时应经一利害关系人或公诉人申请,或主动实施保全遗产的必要紧急预防措施,特别可实施查封和对现金、有价证券及贵重物品进行讼争物寄托。

第 882 条　遗产管理人应直接从遗产中支出与死者的社会地位相适应的葬礼费用。他还应经紧急事务法官授权,在最终清算悬置期间向应由被继承人扶养的继承人支付足额的膳食津贴,此等支付额应从获得此等膳食津贴的继承人的遗产份额中扣除。

有关膳食津贴的任何争议,均应由紧急事务法官解决。

遗产清单

第 883 条　自指定遗产管理人的决定登记之日起,债权人仅可对遗产管理人提起诉讼和继续任何已提起的诉讼。

如遗产分割已开始但分配决定尚未最终生效,经利害关系人请求,此等遗产分割应中止进行,直至全部遗产债务获得清偿。

第 884 条　在取得第 901 条规定的继承证书之前,任何继承

第二编　物　权

人均不可处分遗产,亦不可收取遗产债权或以其个人的债务抵销遗产债务。

第 885 条　在清算过程中,遗产管理人应采取保护遗产的必要预防措施,实施必要的遗产管理。他还应代表遗产出庭以及收取到期的遗产债权。

任何遗产管理人均负有有偿代理人的同样义务,即使他是无报酬的遗产管理人,亦同。法官可要求他定期递交其管理账簿。

第 886 条　遗产管理人应发出通知,召集所有的遗产债权人和债务人,在他发出最后一次通知之日起 3 个月内递交各自的债权或债务证明文件。

此等通知应张贴于遗产所在地的城市或乡村的行政首脑机构的主门,或遗产所在地的警察局的主门,并张贴于被继承人住所地有管辖权的简易法院的公告栏,还应刊登于广泛发行的新闻日报。

第 887 条　遗产管理人应自被指定之日起 4 个月内,向法院登记处提交一份已估价的遗产资产和遗产债务清单。他还应在上述期限内以挂号信向各利害关系人通知已提交此等清单的事实。

有正当事由延长上述期限的,遗产管理人可申请法官许可延长。

第 888 条　制作遗产清单以及评估遗产财产价值时,遗产管理人应寻求专家或具有所需特种经验的人士的协助。

遗产管理人应将他从公共登记簿或以任何其他方式得知的被继承人的文件中表明的债权债务,登记在册。继承人应将他们知道的遗产债务债权告知遗产管理人。

第 889 条　包括继承人在内的任何人,欺诈性占用遗产中的资产的,应课处挥霍浪费人所受的相同处罚。

第 890 条　任何有关遗产清单准确性的争议,特别是有关遗产资产或遗产债权债务是否漏算的争议,或有关前述资产或债权债务的证明文件的争议,应依利害关系人的请求,在通知已提交遗

第二编 物权

产清单后 30 日内,交由法院解决。

法院应展开调查,如它认为起诉有重大理由,应按照《民事诉讼法》规定的追偿程序决定受理此等起诉。

如争议尚未提交给审判员,法院应确定一个期限,让利害关系人向处理紧急事务的主管法院提出权利主张。

遗产债务的清偿

第 891 条 就有关遗产清单的争议规定的起诉期限届满之后,遗产管理人应经法院许可清偿无争议的遗产债务。有争议的遗产债务在争议获最终解决之后获偿。

第 892 条 遗产支付不能或有支付不能之虞的,在所有遗产债务获最终确定前,遗产管理人应中止所有债务偿付,即使此等债务为无争议的债务,亦同。

第 893 条 遗产管理人应以他收取的遗产债权、遗产中的现金、以市价卖得的有价证券的价金以及遗产中的动产的价金清偿遗产债务。如此等财产仍不足以清偿遗产债务,则应以遗产中的不动产的价金清偿之。

遗产中的动产和不动产应根据为强制出卖规定的条件和期日,以公开拍卖的方式出卖,但全体继承人约定以其他方式或以协商方式出卖的除外。如遗产支付不能,后一种情形的出卖还需经全体债权人许可。在所有情形下,继承人均有权在拍卖中竞买。

第 894 条 法院可经全体继承人申请宣告未到期的债务可请求清偿,并遵守第 544 条的规定确定应向此等债权人清偿的债务金额。

第 895 条 继承人未就申请未到期的债务可立即求偿达成合意的,法院应将此等未到期的债务和遗产资产分配给各继承人,在此等情形下,各继承人均可分得一份与其遗产份额的净价值相应的遗产的债务和资产。

法院应以动产或不动产为遗产的各债权人提供充分担保,但遗产的债权人有特别担保的除外。如即使继承人以其个人财产提供补充担保或协议确定其他安排仍不能为充分担保,法院应以全部遗产资产提供担保。

在上述情形下,如以不动产提供的担保未予公示,应按不动产承受判决之负担的公示规定为公示。

第 896 条　未到期的债务分配之后,各继承人可依第 894 条的规定在债务到期之前清偿他分得的债务份额。

第 897 条　遗产债权人因遗产清单上未列明他的名字或因未获得遗产资产的担保,其债权未获清偿的,他对诚信取得该遗产资产物权的第三人不享有追偿权,但对因此获得不当得利的继承人享有追偿权。

第 898 条　遗产债务清偿完毕之后,遗产管理人应开始执行遗嘱和其他指示。

遗产财产的交付和分割

第 899 条　清偿完遗产债务之后,剩下的遗产资产应按各继承人根据沙里亚取得的份额由他们继承。

第 900 条　遗产管理人应将属于各继承人继承的遗产财产交付给他们。

就遗产清单的争议规定的期限一经届满,继承人即可要求将全部或部分不需要遗产清算的物或金钱暂时移交给他们,他们可为之提供担保,也可不提供担保。

第 901 条　法院应向任何出示沙里亚法院制作的继承证书或其他替代证书的继承人交付证明其继承权和表明属他继承的遗产份额的证明。

第 902 条　各继承人均可向遗产管理人请求交付其正式分得的遗产份额,但根据约定或法律规定此等继承人应维持共有关系

第二编　物权

145

的除外。

第 903 条　如必须接受分割遗产的请求,遗产管理人应友好地进行分割,但仅在取得全体继承人一致同意的条件下,该分割方有最终效力。

如继承人未一致同意分割,遗产管理人应按照法律的规定提起分割之诉,在此等情形下,诉讼费用应从各继承人的遗产份额中扣减。

第 904 条　遗产分割应适用为财产分割规定的规则,尤其是有关妨害担保、追夺担保、非常损失担保、共有人优先权的规则,还应适用以下规定。

第 905 条　就家庭文件或其他涉及继承人对被继承人的感情的物的分割,继承人未达成一致的,法院应在考虑此等财产的现时用途,以及各继承人的个人具体情况的条件下,决定出售之或将它们分配给其中一继承人,在后一种情形下,可将此等物的价值从该继承人的继承份额中扣减,亦可不予扣减。

第 906 条　如遗产财产是构成一独立经济实体的农业企业、工业企业或商业企业,此等财产应整体分配给申请取得此等财产的最具企业经营能力的继承人,此等企业的价格应根据其价值计算,并从取得人的遗产份额中扣减。如数名继承人具有相同的企业经营能力,此等企业应分配给出价最高的继承人,但此等最高出价不得低于类似的企业的价格。

第 907 条　如在遗产分割之后,分得遗产债务的继承人发生支付不能,其他继承人无须为此等债务人承担担保责任,但另有约定的除外。

第 908 条　遗嘱人作出的在继承人间分割遗产财产的遗嘱,规定了各继承人或某些继承人的继承份额的,此等遗嘱有效。如继承人被遗留的份额超出了其继承可得,超额部分被视为遗赠产。

第 909 条　死因①处分分割,恒为可撤销。因遗嘱人死亡此等分割产生约束力。

第 910 条　如死因处分分割未包括被继承人死亡时的全部财产,此等未包括在死因处分分割中的财产应按照继承规则作为共有财产分配给各继承人。

第 911 条　如死因处分分割涉及的一个或数个潜在继承人先于被继承人死亡,分配给此等死亡的继承人的特定部分应按照继承规则作为共有财产分配给各继承人。

第 912 条　死因处分分割适用为分割规定的一般条款,但有关非常损失的规定除外。

第 913 条　死因处分分割未包括遗产债务,或虽包括了遗产债务但债权人不同意此等分割的,如尚未经债权人同意为债务清偿,则任一继承人均可请求按第 895 条的规定分割遗产,在此等情形下应尽可能适当考虑被继承人的死因处分分割及他作出此等分割的考虑因素。

适用于尚未清算的遗产的规定

第 914 条　如遗产尚未按照上述规定进行清算,已依法登记其遗产债权的普通债权人可为其债权或其受遗赠物,就遗产中已被处分的不动产或为第三人利益设定物权的不动产提起诉讼。

三、遗　嘱

第 915 条　遗嘱应适用伊斯兰沙里亚的戒律及相关的制定法。

第 916 条　某人在病危期间实施的旨在为赠与的法律行为均应被视为遗嘱处分,并适用有关遗嘱的规则,此等处分的名称为

---

①　"死因",拉丁语为"mortis causa",此术语用来表述因某一主体死亡而产生法律效力的行为的性质——译者注。

第二编　物权

何,在所不问。

遗嘱处分人的继承人必须证明此等法律行为是被继承人在病危期间实施的。他可提交任何形式的证据。法律文书的日期不可被援引用来对抗继承人,但此等法律文书取得定期的除外。

除非受益人有另外的证据,继承人证明遗嘱处分行为系被继承人在病危期间实施的,此等遗嘱处分被视为赠与。上述所有规定,仅在没有相反的特别规定的条件下予以适用。

第 917 条　除非有相反的证据,某人对其一继承人实施财产处分,但以任何方式保留在其生存期间对如此处分的财产的占有和享用权的,该处分行为应被视为遗嘱处分,并适用有关遗嘱的规则。

四、添　附

不动产之添附

第 918 条　河流以不易察觉的方式逐渐冲积而成的土地,归毗邻土地的所有人所有。

第 919 条　未被海洋覆盖的土地,归国家所有。

除非为了回复被海洋覆盖的财产的边界,禁止侵占海滩上的土地。

第 920 条　与湖水或池塘里的水等静止水体毗连的土地的所有人不取得露出此等水体的土地的所有权,亦不因此等水体泛滥覆盖了其土地而丧失其土地所有权。

第 921 条　被河流冲离的土地或露出河面的土地,以及河道中形成的岛屿的归属,适用相关的特别法。

第 922 条　地表上下的建筑物、种植物或其他所有设施,视为土地所有人以自己的费用建造或种植并归其所有。

但有证据证明此等设施系第三人以自己的费用完成的,或有

证据证明土地所有人已将此等既存的设施的所有权,或将建造此等设施并取得其所有权的权利让与第三人的除外。

第 923 条　以属于第三人的材料建造建筑物、种植园或其他设施的,如非给此等设施造成严重损害即不能拆除此等材料,或虽可拆除此等材料,但材料所有人自知道其材料被结合于此等设施之日起 1 年内未提起返还之诉,此等设施由土地所有人专有。

如土地所有人取得了材料的所有权,他应支付此等材料的价值并赔偿相关的损失。如材料所有人取回此等材料,材料的拆除费用应由土地所有人承担。

第 924 条　如某人知道土地归他人所有却不经土地所有人同意,以自己的材料在该土地上建造设施,土地所有人可自他知道建造此等设施之日起 1 年内,请求以建造人的费用拆除之并赔偿相关的损失,亦可通过支付此等设施拆除时的价值,或土地因此等设施增值的金额,保留此等设施。

设施之拆除不给土地造成损害的,建造人可请求拆除之,但土地所有人根据前款的规定选择保留此等设施的除外。

第 925 条　如第 924 条规定的设施的建造人诚信地认为他有权为此等建造,土地所有人可请求拆除之,但他应要么支付材料和劳务的价值,要么支付土地因此等设施增值的金额,但设施之所有人请求拆除的除外。

如设施是大批量的致使相关费用的支付给土地所有人造成过重负担,土地所有人可请求将土地所有权转让给此等设施的所有人,并取得公平的补偿。

第 926 条　第三人经土地所有人授权以自己的材料在该土地上建造设施的,如没有关于此等设施的协议,土地所有人不可请求拆除之,但此等设施的所有人不请求拆除的,土地所有人应向他支付第 925 条第 1 款规定的两项价值中任一项。

第 927 条　第 982 条的规定,适用于以上三条规定的补偿金

之支付。

第 928 条　　如土地所有人在自己的土地上建造建筑物时诚信侵占了部分相邻的土地,法院在它认为适当的情形下,可强制此等相邻土地的所有人将其被前述建筑物侵占的部分土地让与给建造人,但后者应支付公平的补偿金。

第 929 条　　非以永久性存续之意思建造于他人土地之上的屋棚、店铺、遮蔽物等小型设施,归建造人所有。

第 930 条　　第三人以他人的材料建造设施的,材料的所有人不可请求返还原物。但材料的所有人可向该第三人请求赔偿,并可向土地所有人在后者对此等设施仍享有的价值范围内请求赔偿。

动产之添附

第 931 条　　分属不同人所有的两项动产发生混合,非经毁损不能分开的,如此等动产的所有人未能就此达成协议,法院应考虑当事人所受的损害、各自的具体情况以及他们是否为诚信,按公平原则予以处理。

五、合同

第 932 条　　某人拥有动产或不动产,以此等财产为客体订立合同根据第 204 条的规定处分它们的,此等财产的所有权和他物权依合同移转,但要遵守以下规定。

第 933 条　　依其种类予以确定的动产仅在依第 205 条的规定被特定化时,其所有权才发生移转。

第 934 条　　不动产的所有权及他物权仅在遵守法律规定的不动产公示规则的条件下,方在当事人之间或对第三人产生移转效力。

前述不动产公示法应规定必须予以公示的处分合同、判决和

其他文书,它们是否具有移转权利效力,在所不问,同时还应规定有关此等公示的规则。

六、先买权

以先买权取得的条件

第 935 条　先买权指在不动产买卖中,根据以下各条规定的条件,取代买受人的一种特权。

第 936 条　先买权属于:

1. 空虚所有权人:在出卖与空虚所有权相对应的用益权之全部或部分的情形如此。

2. 共同财产的共有人:在将共有的不动产出卖给第三人的情形如此。

3. 用益权人:在出卖与用益权相对应的空虚所有权之全部或部分的情形如此。

4. 永佃权的空虚所有权人:在出卖永佃权的情形如此;永佃权人:在出卖空虚所有权的情形如此。

5. 下列情形中的邻人。

(1)不论不动产位于城市或乡村,此等不动产是建筑物或建筑用地的;

(2)出卖的土地对邻地享有地役权,或邻地对此等出卖的土地享有地役权的;

(3)邻地的两端与出卖的土地相连,且其价值至少相当于出卖的土地的价金的一半的。

第 937 条　如有数个先买权人,先买权应按照上一条规定的顺序行使。

如数个先买权人顺位相同,各先买权人按其份额比例行使先买权。

如买受人根据上一条规定的条件成为先买权人,他优先于与他顺位相同或顺位劣后的其他先买权人。但顺位在他之前的先买权人优先于他。

第 938 条 在先买权人声明行使先买权之前,或在此等声明根据第 942 条登记之前,买受人将此等存在先买权的财产出卖的,仅可以以次买受人的购买条件向该次买受人行使先买权。

第 939 条 在下列情形下,不可行使先买权:

1.依法定程序以公开拍卖方式出卖的;

2.买卖发生在尊卑亲属之间、配偶之间、四代以内的血亲之间或两代以内的姻亲之间的;

3.出卖的不动产被用作礼拜场所或附属于礼拜场所的。

瓦克夫不可行使先买权。

行使先买权的程序

第 940 条 欲行使先买权的任一人,应在受到出卖人或买受人向他发出的正式召集通知之日起 15 日内,向出卖人和买受人二者声明行使先买权,否则其先买权消灭。前述期间在必要时应增加距离期间。

第 941 条 前条规定的正式①召集通知应载明以下内容,否则无效:

1.对受制于先买权之不动产的适当说明;

2.价款总额、法定费用、买卖的条件以及出卖人和买受人的名字、姓氏、职业及住所。

第 942 条 行使先买权的声明应以正式的方式作出,否则无效。此等正式的先买权声明未经登记的,不可作为对抗第三人的

---

① 英译本的原文为"正常的"(normal),经英译者更正,改为"正式的"(formal)——译者注。

证据。

在上述声明作出之日起不超过 30 日内,卖得的全部的实际价款应提存于不动产所在地有管辖权的法院财库,但此等提存应在提起先买权诉讼之前为之。如未按照上述期限和方式提存,先买权消灭。

第 943 条　先买权之诉应向不动产所在地有管辖权的法院对出卖人和买受人提起,并应自上一条规定的声明作出之日起 30 日内登记于法院备审案件表。先买权之诉适用紧急事务程序。

第 944 条　在不违反有关登记规则的条件下,确认先买权的最终判决被视为先买权人的所有权证书。

先 买 权 的 效 力

第 945 条　对出卖人而言,先买权人取代买受人行使和履行后者全部的权利和义务。

但先买权人不享有买受人被授予的支付价款的期限利益,但出卖人同意的除外。

如在行使先买权之后,不动产被第三人追夺,先买权人仅可向出卖人追偿。

第 946 条　如在先买权人声明行使先买权之前,买受人已在作为先买权客体的财产上进行了建筑或种植,先买权人应按买受人的选择,向后者支付他为此支出的费用,或不动产因此等建筑或种植增值的金额。

但如建筑或种植发生在先买权人声明行使先买权之后,先买权人可请求去除之,如他选择保留建筑物或种植物,则仅需支付建筑物的材料价值、劳务报酬或种植的费用。

第 947 条　在先买权声明登记后针对买受人登记的法定抵押或优先权,买受人实施的任何买卖,以及他让与的或针对他登记的任何物权,均对先买权人不发生效力。但已登记的债权人对归买

第二编 物权

153

受人的财产价金保留其优先权。

先买权的消灭

第 948 条　在下列情形下,先买权消灭:

1. 甚至在买卖之前先买权人放弃其先买权的;
2. 自买卖合同登记之日起经过了 4 个月的;
3. 法律规定的其他情形。

七、占　有

占有的取得、移转与丧失

第 949 条　某人仅基于向任何人开放的物的使用许可或他人的容忍而实施的行为,不成立占有。

以胁迫、隐蔽或含糊的方式取得的占有,仅在此等瑕疵消除之日起,方可对此等胁迫、隐蔽或含糊之占有的承受者发生效力。

第 950 条　无行为能力人可通过其法定代理人取得占有。

第 951 条　通过中间人实施的占有有效,但中间人须以占有人的名义实施占有,且他与占有人的关系使他有义务服从后者作出的占有指示。

有异议时,实施占有的人被推定为为自己的利益实施占有。如此等占有是先前占有的继续,应被视为为开始占有人的利益而继续。

第 952 条　即使未实际地交付占有的标的物,只要占有的受移转人能享有支配占有标的物的权利,则实际占有人与占有的受移转人达成一致协议时,占有发生移转。

第 953 条　占有可不经实际交付发生移转,如占有人为其权利相续人的利益继续为占有,或权利相续人继续一个已开始的占有,但改为为其自己的利益如此。

第二编　物权

第 954 条　交付代表承运人托运的商品或存入仓库的商品的单据,等同于交付商品本身。

但一人受领了此等单据,另一人受领了商品的交付,并且他们均为诚信的,受领商品交付的人享有优先权。

第 955 条　占有连同其全部属性移转于概括相续人。但如占有的前手为恶信,能证明自己为诚信的相续人可援引其诚信进行抗辩。

特定相续人可就全部的法定占有效力将其前手的占有合并于自己的占有。

第 956 条　占有人放弃或以任何其他方式丧失他对权利的实际支配的,占有终止。

第 957 条　占有不因实际支配的行使受到暂时的障碍而终止。

但如此等障碍持续 1 年,且它产生于无视占有人意愿或不为占有人所知的新占有,原占有终止。该 1 年期间应自新占有以公开方式开始之时起算,或自原占有人知道新占有以隐蔽方式开始之时起算。

占 有 的 保 护

第 958 条　不动产占有人丧失其不动产的占有的,他可自丧失占有后 1 年内请求恢复占有。如占有之丧失是隐蔽的,此等期间自发现占有丧失之日起算。

为他人利益实施占有的人亦有权请求恢复占有。

第 959 条　占有的期间不满 1 年即丧失占有的人仅可向劣位占有人请求恢复占有。优位占有指有合法根据的占有,如双方均无占有的根据或有同样的占有根据,日期在先的占有为优位占有。

但如占有人因受暴力而丧失占有,他可在任何情形下,自丧失占有后 1 年内请求恢复占有。

第二编　物权

第 960 条　被剥夺占有者可在法定期限内对受领被侵占物的第三人提起恢复占有之诉,即使后者为诚信,亦同。

第 961 条　持续地占有某不动产满 1 年的人,如其占有受到干扰,他可自受到干扰起 1 年内诉请排除干扰。

第 962 条　持续地占有某不动产满 1 年的人,如有正当理由担心来自新建工作物的干扰威胁其占有,并且此等工作物尚未完工,以及构成威胁的工作物开工也未满 1 年,他可申请法官决定中止建造此等工作物。

法官可禁止或许可继续建造。在此两种情形下,法官可决定当事人提供适当的担保。在决定中止建造的情形下,如最终判决认定无理由反对继续建造,则此等担保应用来赔偿中止建造产生的损失;在决定继续建造的情形下,如最终判决有利于占有人,则此等担保应用来赔偿除去全部或部分工作物使占有人遭受的损害。

第 963 条　数人就同一权利的占有发生争议的,取得占有的人被暂时推定为占有人,但该占有人以不正当方式取得占有的除外。

第 964 条　除非有相反证明,权利占有人被推定为该权利的所有人。

第 965 条　某项权利的占有人不知道其占有侵害他人权利的,他被推定为诚信占有人,但该项权利产生于重大错误的除外。

如占有人为法人,应依其代表人的主观状态予以判断。

除非有相反证明,诚信的推定始终成立。

第 966 条　自占有人知道其占有侵害他人权利之时起,其诚信即行终止。

自以起诉令状向占有人为占有的瑕疵通知之时起,占有的诚信即行终止。以胁迫侵夺他人占有的,视为恶信行事。

第 967 条　除非有相反证明,占有继续维持它被取得时具有

的属性。

占有的效力:取得时效

第 968 条　非为所有人的第三人对某一动产或不动产,或不享有权利的第三人对某一动产或不动产物权实施占有的,如其占有不间断地持续 15 年,该占有人即取得此等物的所有权或他物权。

第 969 条　如对某一不动产或不动产物权诚信地实施占有,且该占有具有正当的原因,取得时效期间为 5 年。

仅自权利转让时起要求具有诚信。

正当的原因指将因时效取得物或权利的非所有人出具的文件。正当原因必须依法登记。

第 970 条　(由 1970 年第 55 号法律修改,公布于 1970 年 8 月 13 日《政府公报》)在任何情形,继承权须经 30 年持续占有才发生时效取得。

下列财产及其物权不适用时效取得:归国家或公法人所有的私人所有权的财产、公共机构或公共团体下属经济实体的财产、非上述机构或团体下属的公共部门的公司的财产、慈善性瓦克夫的财产。

禁止侵占前款规定的财产,如有任何侵占行为发生,相关部长有权力以行政手段排除之。

第 971 条　除非有相反证明,如能证明现行占有曾存在于先前的某一特定时间,推定占有也存在于该间隔期间。

第 972 条　任何人仅依其权源以时效取得,任何人均不可为自己的利益自行更改其占有原因或占有根据。

但如占有的性质因第三人的或一人自己的被视为反对所有人的权利的行为发生改变,该人可以时效取得。在此等情形下,时效期间自占有的性质发生改变之日起算。

第二编　物权

157

第 973 条　凡涉及时效期间的计算、时效的中断或中止、时效在诉讼中的援引、时效利益的放弃以及时效期间的协议变更的事项,在不与取得时效的性质相冲突且遵守了下列规定的条件下,适用消灭时效的规则。

第 974 条　无论取得时效的期间为何种类型,均因存在中止事由而中止。

第 975 条　如占有人放弃占有或丧失占有,取得时效中断,即使占有的丧失系第三人的行为引起,亦同。

但如占有人在 1 年内恢复了占有或在此期间内提起了恢复占有之诉,时效不因其占有之丧失而中断。

因占有取得动产

第 976 条　某人根据正当原因占有动产、动产物权或无记名有价证券的,如他在占有时为诚信,他成为此等财产的所有人。

如某人根据正当原因诚信地占有他认为不存在任何负担和限制的物,他取得免于此等负担和限制的所有权。

占有本身即构成具备正当原因以及合乎诚信的证明,但有相反证明的除外。

第 977 条　遗失动产或指示有价证券的所有人,或被盗窃了此等财产的所有人,可自遗失或被盗窃后 3 年内,请求诚信占有此等财产的第三人返还原物。

如被盗物或遗失物的占有人系在市场上或在公开拍卖中或从出售同类商品的人那里诚信购得此等物,他可请求已回复物之占有者补偿他曾支付的价金。

因占有取得孳息

第 978 条　诚信占有人可取得他收取的孳息。

天然孳息或人工孳息自与原物分离之日起被视为已收取。法

定孳息被视为逐日收取。

第 979 条　恶信占有人应返还自他为恶信时起收取或疏于收取的全部孳息,但他可请求补偿他支出的必要费用。

费用的补偿

第 980 条　已取回其财产的所有人应向原占有人支付后者支出的一切必要费用。

有益费用适用第 924 条和第 925 条的规定。

占有人不可主张补偿他支出的奢侈费用。但他可在将占有物回复原状的条件下拆除其建造物,但所有人选择支付该建造物拆除时的价值而保留该建造物的除外。

第 981 条　某人从所有人或前占有人取得占有的,如他能证明向前手支付了后者要求的费用,他可请求主张所有权的人补偿他支出的此等费用。

第 982 条　法官可依所有人的申请决定以他认为适当的方式偿付以上两条规定的费用。他还可以决定以分期付款的方式偿付之,但所有人应提供必要的担保。如所有人预付与此等分期付款相同的金额,他不负提供担保义务,在此等情形下,应减去各期次的付款到期前按法定利率计算的利息。

灭失产生的责任

第 983 条　诚信占有人以他自己认为享有的权利享用物的,不对物之返还请求人因此等享用而负有支付任何补偿金的义务。

物发生灭失或毁损的,占有人仅在因此等灭失或毁损取得的利益的范围内承担责任。

第 984 条　恶信占有人应对物的灭失或毁损承担责任,即使不可抗力导致灭失或毁损,亦同,但占有人能证明即使此等物由返还请求人占有也会发生灭失或毁损的除外。

第二编　物权

第二题 所有权的派生权利

第一章 用益权、使用权与居住权

一、用益权

第 985 条 用益权以法律行为、先买权或时效取得。

用益权可以以遗嘱方式遗赠给遗赠生效时活着的相续人，亦可遗赠给子宫内的胎儿。

第 986 条 用益权人的权利和义务依设立用益权的文书确定，并适用以下条文的规定。

第 987 条 用益物的孳息在用益权存续期间归用益权人，但还应遵守第 993 条第 2 款的规定。

第 988 条 用益权人应按照他接收时用益物的状态，并根据用益物的用途使用用益权物，同时，并应遵守善良管理的规则。

所有人可反对任何不法使用或不符合用益物性质的使用。如所有人能证明其权利罹临危险，他可要求提供担保。如用益权人未按要求提供担保，或无视所有人的反对继续不法使用或以不符合用益物性质的方式使用用益权物，法官可收回用益物并将之委托第三人管理，法官亦可根据具体情况的严重性，在不损害第三人权利的条件下，判令终止用益权。

第 989 条 用益权人在享用用益物期间应承担通常课加于用益物上的一切负担，以及维护用益物所需的全部费用。

所有人应承担非常的负担以及非因用益权人过错导致的大修，用益权人则应向所有人支付后者由此支出的费用的利息。但如用益权人垫付了此等费用，他在用益权终止时有权要求偿还此

等垫付的本金。

第 990 条　用益权人应以常人的注意保存用益物。

如用益权人在用益权终止后未向所有人返还用益物,他应就用益物灭失承担责任,即使用益物灭失系不可归责于他的原因引起,亦同。

第 991 条　如用益物灭失,遭受损害,需要由所有人承担修理费的大修,或需要采取措施使它免遭不可预见的风险,用益权人应将此等事实通知所有人。如第三人就用益物主张权利,用益权人亦应将此事实通知所有人。

第 992 条　如用益物为动产,应以清单登记之,并由用益权人提供相应的担保。如用益权人未提供担保,此等用益物应予出卖,所卖得的价款将用来购买公债券,此等债券的收益归用益权人。

提供了担保的用益权人可使用作为用益物的消费物,但应在用益权终止时以同类物替换之。牲畜的幼仔填补了因突发事件减少的总头数之后,其剩余部分归用益权人。

第 993 条　用益权因规定的期限届满而终止。如未规定期限,推定用益权设定于用益权人的整个生存期间。在任何情形下,用益权因用益权人死亡而终止,即使用益权人在规定的用益期限届满前死亡,亦同。

在用益期限届满或用益权人死亡时用益土地上尚有正在生长的农作物的,用益权人或其继承人仍可继续占有此等用益土地至农作物成熟,但他们应支付此等期间土地的租金。

第 994 条　用益权随用益物灭失而终止。但如有相应的替代物,用益权移转至此等替代物。

如用益物非因所有人的过错灭失,不可强制他重建,但如他已将用益物重建,则用益权为对此等灭失不具可归责性的用益权人重新设定,在此等情形下,适用第 989 条第 2 款的规定。

第 995 条　用益权因在 15 年的期间内持续地不行使而终止。

第二编　物权

二、使用权与居住权

第 996 条　使用权与居住权的范围依受益人及其家人的私人需要确定,但不得违背创设此等权利的文书的规定。

第 997 条　除非有明示的约定或重大的正当理由,使用权与居住权不可转让。

第 998 条　除上述规定外,有关用益权的规定在不与使用权及居住权的性质相冲突的范围内,适用于使用权及居住权。

第二章　永佃权

第 999 条　永佃权的期限不可超过 60 年。规定的永佃权期限超过 60 年或未规定永佃权期限的,视为以 60 年的期限设立永佃权。

第 1000 条　永佃权仅可为某项必需或利益,并经全部土地所在地或土地最有价值部分所在地有管辖权的沙里亚初级法院许可而设立。它必须经法院院长、法官或为此指定的公证人作成的文书加以确认,并根据调整不动产公示的法律之规定进行公告。

第 1001 条　承佃人可处分其权利。此等权利因继承而移转。

第 1002 条　承佃人对他所为的建筑物、种植物或其他物享有绝对的所有权。他可将之单独地或与永佃权一起处分。

第 1003 条　承佃人应向出佃人支付约定的租金。

除非永佃权文书另有约定,租金应在每年的年底支付。

第 1004 条　不能以永佃土地的租金低于其类似物的租金来设立永佃权。

类似物的租金每上涨或下降 1/5,永佃土地的租金应相应地增加或减少,但自最后一次租金估算起经过 8 年的除外。

第 1005 条　在估算租金上涨或下降时,应参考评估时土地的

租金价格,考虑土地的位置和对土地的需求,但不应考虑土地上的建筑物或种植物,亦不应考虑对土地自身或其方位的改良或毁损。承佃人所享有的地上权,应不予考虑。

第 1006 条　对租金的重估仅自当事人达成一致时生效,如当事人未达成一致,自起诉之日起生效。

第 1007 条　承佃人应采用使土地适于利用的方式利用土地,并遵循约定的条件、土地的性质、土地的用途以及地方习惯。

第 1008 条　永佃权因规定的期限届满而终止。

但承佃人在利用土地为建筑或种植之前死亡的,除非其继承人要求维持该永佃权,永佃权永久终止。

如永佃土地不再是瓦克夫财产,永佃权提前终止。但如此等终止归因于瓦克夫被撤销或其期限被缩减,永佃权在其期限届满前应予维持。

第 1009 条　如出佃人连续 3 年未获租金之支付,他可请求解除合同。

第 1010 条　永佃合同一旦解除或期满,出佃人即可请求去除建筑物或种植物,亦可通过支付建筑物及种植物的现存价值或被去除时的价值中最低的一项而保留之。但在任何情形下,另有约定的除外。

如法院认为存在正当的特殊情况,可授予出佃人一定的宽限期,在此等情形下,出佃人应为其负欠的款项提供担保。

第 1011 条　永佃权因在 15 年期间内不行使而终止,但设立于瓦克夫的永佃权,因在 33 年期间内不行使而终止。

第 1012 条　自本条生效时起,不可在非属瓦克夫的土地上设立永佃权,但不影响第 1008 条第 2 款规定的适用。

本条生效时非属瓦克夫的土地上既存的永佃权,适用以上各条的规定。

某些类型的永佃权

第 1013 条　租借指某一瓦克夫将建有需要修理的建筑物的土地出租，由承租人立即支付与此等建筑物价值相当的款项，以及与此等土地的类似物的租价相当的年租的合同。

在不违反前款规定的条件下，此等合同适用永佃权的规则。

第 1014 条　押租指某一瓦克夫可不经卡迪许可将财产出租，由承租人在不定的租期内支付固定租金的合同。

根据本合同，承租人有义务使财产适于利用，瓦克夫可在规定期限内和按照租赁合同的规则通知承租人后，随时解除合同。但瓦克夫应按照第 179 条向承租人为费用补偿。

在符合上述两款规定的条件下，关于瓦克夫财产租赁的规定适用于此等合同。

第三章　地役权

第 1015 条　地役权是为另一所有人之彼一不动产的便利而限制此某一不动产之享用的权利。在与供役财产的用途不相冲突的条件下，地役权可设定于公共财产。

第 1016 条　地役权以法律行为或继承取得。

只有表见地役权，包括通行权在内，可以时效取得。

第 1017 条　表见地役权亦可由原所有人以设立标记的方式设立。

如有任何证据证实相互区分的两块不动产的原所有人在它们之间设置了明显的界限，并由此创立了如此两块不动产归不同人所有，它们间即有地役权之存在的从属关系，则成立原所有人设立的标记。在此等情形下，如此两块不动产转移至不同所有人而未经任何改变，视为地役权分别为该两块不动产的利益和负担设立，

但另有明确约定的除外。

第 1018 条　除非另有约定,对不动产所有人享有的可任意为建筑的权利课加的某种特定限制,例如禁止超出不动产某特定高度和区域实施建造,则此等不动产被课加的有益于另一不动产的限制是前者负担的地役权。

任何违反此等地役权的行为均导致实物赔偿请求权的产生。但法院认为存在正当理由的,可判令仅支付补偿金。

第 1019 条　地役权应符合其设定文书规定的规则、地方习惯及以下规定。

第 1020 条　需役地所有人为行使其地役权,可建造必需的工作物,但此项权利应以给供役地造成最小损害的方式行使。

需役地的新需要不可加重供役地的负担。

第 1021 条　如无相反的约定,供役地所有人无义务为需役地的利益建造工作物,但正常行使地役权所需的附属工作物除外。

第 1022 条　如无另外的约定,行使和维护地役权所需的工作物的费用,由需役地所有人负担。

如供役地所有人有义务以自己的费用建造此等工作物,他始终可通过将全部或部分供役地抛弃给需役地所有人使自己摆脱此等负担。

如此等工作物亦有益于供役地所有人,维护费用应由双方当事人按照各自获益比例分担。

第 1023 条　供役地所有人不可实施任何减损地役权之使用或致使地役权难以行使的行为。特别是他不可改变现状,或以另外的地点替代原来指定的行使地役权的地点。

但如原来指定的地点已变得增加地役权的负担,或地役权已变成对供役地进行改良的障碍,供役地所有人可请求将地役权转而设定于此等财产的其他部分,或归他所有的另一不动产,或同意此等移转的第三人的不动产。但在任何情形下,必须使需役地所

第二编　物权

有人在新的地点行使地役权与他在变更前行使此项权利同样便利。

第 1024 条　需役地被分割的,在不加重供役地所有人的负担的条件下,地役权为需役地的各部分继续存在。

但如地役权仅对需役地的一部分具有实际利益,供役地所有人可请求地役权就需役地的其他部分归于消灭。

第 1025 条　供役地被分割的,地役权继续由分割后的供役地的各部分负担。

但如地役权就某些此等部分实际上未予行使且不能行使,此等部分土地的所有人可请求归他所有的部分负担的地役权归于消灭。

第 1026 条　地役权因规定的期限届满、供役地或需役地整体灭失以及供役地与需役地的所有权同属一人而消灭。但上述两项财产的混同溯及既往地消灭的,地役权再生。

第 1027 条　地役权因在 15 年期间内不行使而消灭。如地役权系为瓦克夫财产的利益而设立,则因在 33 年期间内不行使而消灭。地役权的行使方式如同地役权自身,亦可因时效而发生变更。

因需役地共有人之一行使地役权发生的时效中断的利益及于其他共有人。同样,因需役地共有人之一的原因发生的时效中止的利益亦及于其他共有人。

第 1028 条　如物的状态发生改变致使无法行使地役权,地役权消灭。

如物回复至可对它行使地役权的状态,地役权再生,但地役权系因不行使而消灭的除外。

第 1029 条　如地役权对需役地已丧失全部效用,或其实际效用十分有限以致与供役地的负担极其不相称,供役地所有人可全部或部分地免负此等负担。

第四分编　从物权或担保物权

第一题　法定抵押

第 1030 条　法定抵押是债权人据以获得对被分配的不动产的一种物权以担保其债权受偿的文书,根据该文书,他就此等不动产之价金优先于普通债权人及其他后顺位的优先权人获得债权清偿。此等不动产辗转至何人之手,在所不问。

第一章　抵押的设定

第 1031 条　抵押仅能以法定文件设定。

除非另有约定,抵押文书的费用由抵押人负担。

第 1032 条　抵押人可以是债务人本人,也可以是同意为债务人利益提供抵押的第三人。

在上述两种情形下,抵押人均应是用于抵押的财产的所有人且对该财产有处分能力。

第 1033 条　如抵押人不是用于抵押的不动产的所有人,只有经真正的所有人以法定文件追认后,抵押文书方为有效。如所有人未作此等追认,自此等不动产成为抵押人的财产后,此等不动产上的抵押权方为有效。

将来财产的抵押无效。

第 1034 条　设定抵押的所有人对该用于抵押的财产的所有权被撤销、取消、废除或由于其他任何原因不复存在的,如在作成抵押文书时抵押权人为诚信,抵押为抵押权人的利益继续有效。

第 1035 条　如无另外的规定,法定抵押仅可设定于不动产。

第二编　物权

167

用于抵押的不动产必须能予以有效交易且能以公开拍卖方式出卖,此等不动产的性质及其所在也必须予以明确说明。该项说明应记载于适当的抵押文书或尔后的法定合同,否则抵押无效。

第 1036 条　如无另外的约定,在不损害第 1148 条规定的承揽人或建筑师就对他们负欠的金额享有的优先权的条件下,抵押权的范围包括用于抵押的不动产的附属物,此等附属物特别地包括地役权、因其用途构成用于抵押的不动产之一部分的不动产以及有益于所有人的改良和其他设施。

第 1037 条　自支付催告通知①被登记之日起,不动产的孳息和收益应不动产化,并以分配不动产价金的同一方式予以分配。

第 1038 条　所有人可以以建筑于第三人土地之上的建筑物用于抵押,在此等情形下,如此等建筑物被拆除,抵押权人有权优先请求以此等建筑物拆除时的价金偿付其债权。如土地所有人根据添附规则保留建筑物,抵押权人就土地所有人支付的补偿金享有优先权。

第 1039 条　全体共有人同意以他们共有的不动产设定抵押的,不论尔后该不动产被分割或因分割不能被出卖,抵押的效力均不受影响。

如一共有人以他在不动产中尚未分割的份额或该不动产的已分割部分设定抵押,结果该用于抵押的财产却未分配给他,则抵押应连同其优先顺位移转于该不动产等值于最初设定抵押的财产的价值的部分。此等部分应依请求由法官判定。抵押权人受到利害关系人向他作出的分割登记通知之日起 90 日内,应进行他受到利

---

①　支付催告通知是法国法系民法上抵押权人实行其抵押权的一个步骤。它是债权人对抵押人送达的一个通知,其中说明债务人不履行其义务的事实、债权本金额和如果有的利息额、欲行使的抵押权的性质、对抵押财产的描述、抵押人放弃财产抵押物的期限等,抵押人和债务人可通过履行阻止行使抵押权,也可放弃抵押物,听任抵押权人实行其抵押权——主编注。

害关系人通知的分割的新登记,新登记应载明抵押已移转于的部分。移转的抵押不应损害全体共有人已设立的抵押以及共有人的优先权。

第 1040 条 可设定抵押担保附条件的债权、将来或可能发生的债权,以及未结算的债权或开设往来账户,但被担保的债权金额或债权可能达到的最高金额必须在抵押文书中予以规定。

第 1041 条 用于抵押的不动产的每一部分均担保全部的债权金额,债权的每一部分均由用于抵押的不动产的整体担保,但法律另有规定或另有约定的除外。

第 1042 条 除非法律另有规定,抵押不可与其担保的债权分离,其生效与消灭由债权本身确定。

非为债务人的抵押人,除有权主张其自身的抗辩之外,还可主张债务人享有的债务抗辩。此等抗辩不因债务人之放弃而丧失。

第二章 抵押的效力

一、抵押在当事人之间的效力

对抵押人的效力

第 1043 条 抵押人有权处分用于抵押的不动产。但抵押人的任何处分行为均不得损害抵押权人的权利。

第 1044 条 抵押人有权管理用于抵押的不动产,且有权在此等不动产的孳息被视为用于抵押的不动产之前收取之。

第 1045 条 抵押人订立的租赁合同对抵押权人无对抗效力,但租赁合同在不动产扣押通知登记之前取得定期的,不在此限。租赁合同在前述通知登记之前未取得定期或在前述通知登记之后订立但未付任何租金的,不生效力,但此等租赁合同属于善良管理

第二编 物权

行为的除外。

如在上述通知登记之前订立的租赁合同的期限超过 9 年,该租赁合同仅在 9 年期间内对抵押权人有对抗效力,但租赁合同的登记先于抵押登记的除外。

第 1046 条   收取和让与期间不超过 3 年的预付租金的,它们对抵押权人无对抗效力,但它们在不动产扣押通知登记之前已取得定期的,不在此限。

但收取或让与期间超过 3 年的预付租金的,它们仅在不动产扣押通知登记之前进行了登记的情况下,才对抵押权人有对抗效力。如未进行此等登记,前述期间应减至 3 年,并遵守前款的规定。

第 1047 条   抵押人应保全抵押物。抵押权人可反对任何将使其担保利益明显减少的行为或疏忽,在情况紧急时,他可采取必要的预防措施,由此支出的费用由抵押人承担。

第 1048 条   如用于抵押的不动产因抵押人的过错灭失或毁损,抵押权人可请求提供充分的担保或立即清偿债务。

如此等灭失或毁损系不可归责于抵押人的原因引起,且债权人不同意其债权成为无担保债权,债务人可提供充分的担保或立即提前清偿债务。在债务人提前清偿债务的情形下,如债务未规定利息,债权人仅有权收取与债权等值的金额,但应减去此等金额自清偿之日至债务到期日以法定利率计算的利息。

在任何情形下,如发生将导致用于抵押的不动产灭失、损坏或不能充分担保债权的行为,债权人可申请法官决定停止该行为并采取措施避免损害。

第 1049 条   用于抵押的不动产不论因何种原因灭失或毁损的,抵押均连同其优先顺位移转至由此产生的权利,例如损害赔偿金、保险赔偿金或为公共利益实施的征用而给予的补偿金等。

第二编　物　权

170

对抵押权人的效力

第 1050 条 非债务人的第三人为抵押人的,仅可就该人的用于抵押的财产行使抵押权,如无另外的约定,抵押人不享有检索抗辩权。

第 1051 条 债权人在向债务人作出清偿催告后,可按照《民事诉讼法》规定的期限和形式实施不动产扣押并出卖用于抵押的不动产。

非债务人的第三人为抵押人的,他可按照对第三人占有人放弃不动产规定的程序和规则,放弃用于抵押的不动产而预先避免被追诉。

第 1052 条 如约定债权人在其债权未获按期清偿时,不论用于抵押的不动产价金为何他均可以以确定的价金取得该不动产的所有权,或可不遵守法定程序将此等不动产出卖,此等约定无效,即使此等约定是在设定抵押之后作出,亦同。

但当事人可约定在全部债务或某一期次的债务到期后,债务人将用于抵押的不动产转让给其债权人以清偿债务。

二、抵押对第三人的效力

第 1053 条 仅在确认抵押的文书或判决先于第三人取得用于抵押的不动产的物权之前进行了登记的情形下,抵押对该第三人有对抗效力,但不影响破产的有关规定。

因法定或约定的代位而发生的受权利登记担保的权利之让与,以及为另一债权人的利益作出的优先登记顺位之让与,对第三人无对抗效力,但已将此等对抗效力记载于最初登记的附注栏中的除外。

第 1054 条 抵押登记、抵押登记的更新、抵押登记的注销和此等注销之撤销,以及由此产生的所有效力,适用调整不动产公示

的法律的规定。

第 1055 条   除非另有约定,抵押登记、抵押登记的更新、抵押登记注销的费用由抵押人负担。

优先权与追及权

第 1056 条   抵押权人按其优先顺位就用于抵押的不动产的价金或替代该不动产的财产,先于无担保的债权人受偿,即使抵押权人在同一日登记,亦同。

第 1057 条   抵押的顺位按其登记日确定,即使抵押担保的是附条件的债权、将来的债权或可能的债权,亦同。

第 1058 条   抵押的登记意味着默示地把抵押文书的费用、抵押登记的费用以及抵押登记更新的费用列入此等抵押的分配与顺位。

如在抵押文书中约定了利息,登记产生的效力包括,主债金额在不动产扣押通知登记前的 2 年内的利息,与主债金额一起并以此等主债金额的抵押顺位参与分配,以及主债金额自前述登记之日至许可公开拍卖之日的利息参与分配,但它参与分配不可损害担保其他到期债务的特别负担,其参与分配的顺位按其产生日确定。其中一债权人的不动产扣押通知登记有益于其他债权人。

第 1059 条   抵押权人可在其被担保的债权范围内将其抵押的优先顺位转让于在同一不动产设定了抵押的其他债权人。除有关此等抵押顺位转让后让与人的债权消灭的抗辩外,任何可对抗让与人的抗辩,均可用来对抗受让人。

第 1060 条   债权到期时,抵押权人可从用于抵押的不动产的占有人处扣押此等不动产,但该占有人选择清偿债务、买回抵押或放弃该不动产的除外。

用于抵押的不动产的占有人是指,不论基于何种理由被移转了可被抵押的不动产的所有权或任何他物权,并对抵押担保的债

务不承担个人责任的人。

第 1061 条　抵押担保的债务到期时,占有人可清偿此等债务及其从债,包括自他受到通知之日起产生的程序费用。占有人的此等权利存续至以公开拍卖出卖之日。在此等情形下,他有权就其支出的全部费用向债务人及用于抵押的不动产的前所有人追偿。他还可代位行使债权已获清偿的债权人的权利,但此等权利属债务人之外的第三人提供的担保的除外。

第 1062 条　占有人的文书登记时已存在的抵押登记在注销之前,占有人应在必要时维持他代债权人之位享有的抵押之登记并更新之。

第 1063 条　占有人由于取得用于抵押的不动产的所有权,而使自己成为必须立即且足额地向就该不动产登记了其债权的债权人为清偿的债务人的,此等债权人中任何已登记其权利文书的人均可强制占有人清偿其债权。

如占有人负欠的债务非为立即可请求清偿,或少于或不同于债权人享有的债权,债权人经一致同意可请求占有人在他负欠债权人的额度内为清偿,此等清偿应依占有人在其原债务中同意的条件及期限为之。

在上述两种情形下,占有人不可通过放弃不动产摆脱自己向债权人为清偿的义务,但如他已为清偿,即视为不动产已被解除所有的抵押,他有权申请注销该不动产上所有的抵押登记。

第 1064 条　如占有人登记了其不动产权利文书,在此等权利文书登记前,他可清除不动产上一切已登记的抵押。

即使在抵押权人向债务人发出支付催告或向占有人发出任何催告之前,占有人亦可行使清除权。此项权利存续至抵押财产的出卖条件清单存档之日。

第 1065 条　如占有人意欲清除不动产上的抵押,他应将包含以下事项的通知送达债权已获登记的债权人在其登记上载明的选

定住所：

1.占有人权利文书摘要,该摘要应载明处分的性质和日期,不动产前所有人的名字,以及该不动产所在地和该不动产情况的准确说明。以出卖处分的,应说明出卖的价金以及可视为此等价金一部分的任何费用。

2.占有人权利的登记日期和登记编号。

3.占有人对不动产的估价,即使以出卖处分,亦同。在实施不动产扣押的情形下,此等估价不得低于用于评估不动产价格的基准价。以出卖处分的,在任何情形下此等估价不得低于占有人仍负欠的该不动产价金的余额。如不动产各部分负担了相互区分的抵押,应对其各部分分别估价。

4.占有人权利登记前就不动产登记的债权清单,该债权清单应载明前述债权登记的日期、债权的数额以及债权人的名字。

第 1066 条 占有人应在通知中声明他准备在不动产所作的估价的范围内清偿已登记的债权。他不必在要约中附上现款金额,但该要约必须明确表达他已经做好立即清偿应付款项的准备,而已登记的债权于何日到期,在所不问。

第 1067 条 任何已登记其债权的债权人以及任何已登记债权的担保人,自最后一次正式通知送达之时起 30 日内,均可请求出卖被要求清除抵押权的不动产。该期限应根据债权人的实际住所与选定住所之间的距离期间延长,但该期限的延长部分不得超过 30 日。

第 1068 条 出卖的请求应以向占有人及前所有人发出通知的方式提出,并经请求人或其特别授权的代理人签字。请求人应向法院财库交存足以支付公开拍卖费用的款项。如拍卖的价格未达到占有人提出的要约价格,请求人无权请求返还他交存的已支付拍卖费用的款项。如未满足上述条件,此等请求无效。

非经全体已登记的债权人和全体担保人同意,请求人不得撤

回其请求。

第 1069 条　出卖不动产的请求一经提出,即应遵守有关强制出卖程序的规定。该项出卖依请求人或对促成出卖享有更多利益的占有人的请求而进行。提起出卖程序的人应在通知中说明他对不动产的估价。

拍卖程序中的买受人除应支付成交价和清除抵押的必要程序费用之外,还应向所有权被剥夺的占有人返还发生的有关其权利文书的费用、此等文书的登记费用以及送达通知的费用。

第 1070 条　如出卖不动产的请求未在规定的期限内以规定的条件提出,占有人已向居于有效受偿顺位的债权人支付他对不动产的估价,或已经将此等款项提存于法院财库,则该不动产的所有权终局地移转至占有人,且免于负担任何约束性权利。

第 1071 条　放弃用于抵押的不动产,应由占有人向有管辖权的初级法院的登记处以声明为之,占有人可请求将此声明记载于不动产扣押通知登记的附注栏内,并在其声明被确认后 5 日内通知对此等放弃提起诉讼的债权人。

任何利害关系人均可申请紧急事务法官任命一名讼争物保管人,有关的不动产扣押程序应向该保管人作出。占有人可请求被任命为讼争物保管人。

第 1072 条　如占有人既不清偿已登记的债权,又不买回抵押,也不放弃不动产,抵押权人仅在向占有人送达要求后者偿付债务或放弃不动产的通知后,方能依《民事诉讼法》的规定对占有人采取不动产扣押措施。此项通知应在不动产扣押通知送达之后或与之同时送达。

第 1073 条　如占有人已登记其权利文书,而他不是判定债务人清偿债务的诉讼中的当事人,且此等清偿债务的判决在占有人的权利证书登记之后作成,该占有人不可主张可由债务人提出的一切抗辩。

在任何情形下,占有人可主张上述判决作出后仍属于债务人的一切抗辩。

第 1074 条　占有人在其竞价不低于他仍负欠的待售不动产的价金之余额的条件下,可参加竞买。

第 1075 条　用于抵押的不动产,即使在采取放弃不动产或清除抵押程序之后仍被扣押的,如此等不动产的占有人成为拍卖程序中的买受人,他被视为依其原始的权利文书成为该不动产的所有人。如他已支付了成交价或已将该价款提存于法院财库,该不动产上的所有约束性权利均被清除。

第 1076 条　如上述情形的买受人为占有人之外的其他人,他可依拍卖结果宣告从占有人处继受其权利。

第 1077 条　如拍卖的成交价超过其债权已登记的债权人的债权数额,该超出部分归占有人,抵押权人可请求占有人返还他们就超出部分享有的份额。

第 1078 条　在受让不动产前就存在其上的地役权和其他物权,由占有人取得。

第 1079 条　占有人有义务返还自受到清偿债权的通知或放弃不动产的通知之日起不动产产生的孳息。如提起的此等程序弃置满 3 年,占有人仅需返还自受到新的通知之日起此等不动产产生的孳息。

第 1080 条　占有人可对前所有人提起担保之诉,但此等诉权仅以有偿或无偿地从其前手取得所有权的相续人对其前手享有的诉权为限。

占有人就他超出权利文书规定的负欠数额而清偿的超额部分,对债务人享有追偿权,此等超额部分的清偿原因为何,在所不问。同时他可代债权人之位取得债务人提供的担保,但担保由债务人之外的第三人提供的除外。

第 1081 条　占有人应就其自身的过错引起的不动产损坏对

债权人承担责任。

第三章　抵押的消灭

第 1082 条　法定抵押权因被担保的债的消灭而消灭,如此等债消灭的原因不复存在,抵押权连同债再生,但不可损害诚信第三人在债之消灭与其再生的间隔期间取得的权利。

第 1083 条　清除抵押的程序结束时,法定抵押权终局地消灭,即使不论因何种原因已清除不动产抵押的占有人的所有权消灭,亦同。

第 1084 条　如用于抵押的不动产因不动产扣押程序被拍卖,无论此等扣押程序系针对不动产的所有人或占有人或因不动产之放弃而被移交不动产的讼争物保管人实施,此等不动产上的抵押权因拍卖的成交价款提存而消灭,亦因向就该价款享有优先顺位的已登记的债权人为清偿而消灭。

第二题　不动产的裁定抵押权

第一章　裁定抵押权的设立

第 1085 条　任何取得据以判令债务人负有清偿价金义务的可强制执行的判决的债权人,如为诚信,取得担保其主债金额、利息和费用的对债务人之不动产的裁定抵押权。

债务人死亡后,债权人不可对属于债务人遗产部分的不动产取得裁定抵押权。

第 1086 条　外国法院的判决,或仲裁机构的裁决,仅在取得

第二编　物权

强制执行效力时,方可据之取得裁定抵押权。

第 1087 条　裁定抵押权可根据确认诉讼当事人达成和解或协议的判决取得。但它不可根据确认签名的真实性的判决取得。

第 1088 条　裁定抵押权仅可就在此等抵押权登记时归债务人所有且能以拍卖方式出卖的某项或数项特定不动产取得。

第 1089 条　意欲就债务人的不动产取得裁定抵押权的债权人,应向他意欲取得此等抵押权的不动产所在地的有管辖权的初级法院的院长提出相关的申请。

该申请应附上判决的正式副本或法院书记员出具的证明文书,此等文书应载明前述判决的正文的内容,并应包括以下事项:

1.债权人的名字、姓氏、职业、原住所及他在法院所在城镇的选定住所。

2.债务人的名字、姓氏、职业及住所。

3.判决的日期及作出该判决的法院。

4.债权的金额。如判决未确定债权金额,法院院长应予临时确定,并确定可享有裁定抵押权的金额。

5.不动产的状况及其所在地的明确说明,以及证明不动产价值的文件。

第 1090 条　法院院长应在申请书尾部签署作出裁定抵押权的决定。

但法院院长在作出裁定抵押权的决定时,应考虑债权的金额,以及申请书指明的不动产的大致估价,在必要时,他应将裁定抵押权限制在某些或某一此等不动产上,如他认为其中一不动产的某部分即足以担保各债权人的主债金额、利息和费用,可将之限制在该部分。

第 1091 条　书记员应在裁定抵押权决定作出之日将之送达债务人,同时应将此等决定在提交的取得裁定抵押权的申请书所附的判决副本或证明文书上注明。他还应通知作出所附判决的法

院的书记员他已将前述决定在交付给债权人的上述副本或其他证明文书中注明。

第 1092 条　债务人可就授予裁定抵押权的决定向作出该决定的法官提起上诉,亦可向初级法院提出此等上诉。

任何撤销授予裁定抵押权的决定的决定或判决,均应在登记的附注栏内注明。

第 1093 条　法院院长自债务人上诉之始或因其上诉,拒绝了债权人请求授予裁定抵押权的申请的,债权人可就此等授予裁定抵押权的决定向初级法院提出上诉。

第二章　裁定抵押权的效力、缩减与消灭

第 1094 条　如负担裁定抵押权的不动产的价值超过其担保的债务的数额,任何利害关系人均可申请将裁定抵押权作适度缩减。

裁定抵押权的缩减可通过将它限定于负担此等抵押权的不动产的一部分为之,亦可通过将它移转至其价值足以担保债务的其他不动产为之。

实施此等缩减所需的费用,即使经债权人同意为缩减,亦应由申请缩减的当事人承担。

第 1095 条　取得裁定抵押权的债权人享有取得法定抵押的债权人享有的相同权利。法定抵押的有关规定,尤其是关于登记、登记的更新、登记的注销、权利的不可分性、权利的效力和消灭的规定,均适用于裁定抵押权,但在任何情形下,不得违反相关的特别规定。

第二编　物权

第三题 质 押

第一章 质押的要件

第 1096 条 质押是某人为担保自己的债务或第三人的债务，而负有向债权人或合同当事人指定的第三人交付为债权人利益而设有物权的物的义务，债权人据此被授权在其债权得到清偿之前可占有该物，且不论该物辗转至何人之手，均可优先于普通债权人及优先顺位在后的债权人以该物的价金受偿的合同。

第 1097 条 质押的客体仅限于可通过公开拍卖分别出售的动产和不动产。

第 1098 条 第 1032 条、第 1040 条至第 1042 条有关法定抵押的规定适用于质押。

第二章 质押的效力

一、在当事人之间的效力

出质人的义务

第 1099 条 出质人应向债权人或当事人指定受领质物的第三人交付质物。

有关出售物交付义务的规定适用于质物的交付义务。

第 1100 条 出质人对质物回复占有的，质押消灭，但质权人能证明此等占有的回复系非以消灭质押为目的的事由引起的，不

在此限。在任何情形下,均不得损害第三人的权利。

第 1101 条　出质人应担保质押的适宜性及有效性,且不可实施任何减损质物价值或妨碍债权人按照质押文书行使其权利的行为。在紧急情形下,质权人可以以出质人的费用采取一切必要的保全质物的措施。

第 1102 条　出质人应对因其过错或不可抗力发生的质物灭失或毁损承担责任。

第 1048 条和第 1049 条关于用于抵押的不动产的灭失或毁损的规定,以及债权人对用于抵押的不动产权利移转至其替代权利的规定,适用于质押。

质权人的义务

第 1103 条　收受了质物的质权人应以一般人的注意保管及维护质物。他应对质物的灭失或毁损承担责任,但他能证明此等毁损或灭失系他无法控制的原因引起的,不在此限。

第 1104 条　质权人不可无偿使用质物。

除非另有约定,质权人应充分利用质物。

质物的净收益,及质权人使用质物获得的利益,应从质押所担保的债权金额中扣除,即使此等金额尚未到期,亦同。此等收益和利益应首先用来抵充他支出的质物的妥善保管和修理费用,其次是债务履行费用和利息,最后是主债金额。

第 1105 条　质物出产孳息或带来收入的,如当事人约定以全部或部分此等孳息或收入替代利息,则在法律允许的约定利率的最高限额内,此等约定有效。

当事人既未约定以孳息替代利息,也未确定利率的,应以法定利率计算利息,但以利息不超过孳息的价值为限。如当事人未确定质押担保的债务的到期日,质权人仅可通过将其债权从孳息的价值中扣除主张其权利,但不得损害债务人随时清偿债务的权利。

第 1106 条　质权人应以一般人的注意管理质物。经出质人同意,质权人可更改利用质物的方式。质权人应将需要出质人介入的任何事项立即通知后者。

如质权人滥用其管理权利,管理不善或在管理中有重大过失,出质人有权申请对质物进行讼争物寄托,或请求收回质物而代之以清偿债务。在后一种情形下,如质押所担保的债权金额不计算利息且尚未到期,质权人仅有权取得债权金额扣除了它依法定利率计算的自清偿日至债务到期日的利息的余额。

第 1107 条　质权人收取了他全部的债权、从债、费用及赔偿金之后,应向出质人返还质物。

第 1108 条　第 1050 条关于非债务人的抵押人责任的规定,第 1052 条关于不清偿即可剥夺抵押物所有权之约定的规定与不遵守法定程序出卖的规定,适用于质押。

二、对第三人的效力

第 1109 条　为使质押对第三人发生效力,质物应由债权人,或经当事人双方同意的其他人占有。

质物可为数宗债务提供担保。

第 1110 条　质押授予质权人以对抗任何其他人的方式保留质物的权利,但不得损害法律为第三人规定的权利。

如质权人对质物的占有在违背其意愿或在其不知情的情况下丧失,他有权根据占有的有关规定向第三人请求回复占有。

第 1111 条　质押不仅限于担保主债,还包括下列具有同一优先顺位的款项:

1. 为保全质物支出的必要费用;

2. 质物的暗藏瑕疵所致损害的赔偿金;

3. 主债合同和质押文书的订立费用,以及必要的登记费用;

4. 实现质押产生的费用;

5.所有符合第 230 条规定的利息。

第三章　质押的消灭

第 1112 条　质权因被担保的债的消灭而消灭,如此等债消灭的原因不复存在,质权连同债再生,但不得损害诚信第三人在债之消灭与其再生的间隔期间依法取得的权利。

第 1113 条　质押亦因下列任一事由而消灭:

1.具有免除债务人债务之行为能力的质权人抛弃质权。债权人自愿抛弃质物或同意无保留地处分质物,为默示抛弃质权。但如质押负担了为第三人利益设定的权利,债权人的抛弃仅在得到第三人同意的条件下,方可对抗该第三人。

2.质权与质物的所有权同归一人。

3.质物灭失或出质的权利消灭。

第四章　某些类型的质押

一、不动产质押

第 1114 条　为使不动产质押具有对抗第三人的效力,除应移转不动产的占有外,还需登记质押文书,此等登记适用法定抵押登记的有关规定。

第 1115 条　质权人可将用于质押的不动产出租给出质人,在此等情形下,质押对第三人的效力不受影响。如质押文书中约定了该租赁,应在质押登记中载明此等事项。但如该租赁成立于质押之后,应在登记的附注栏内载明此等事项。如该租赁系以默示方式续展,则无须载明。

第 1116 条　不动产质权人应负责维护用于质押的不动产,承担必要的保全费用以及应缴的税款和负担。质权人可以以他收取的孳息或依其法律规定的优先顺位取得的该不动产的价金补偿此等费用。

质权人可放弃其不动产质权而使自己免于负担上述义务。

二、动产质押

第 1117 条　为使动产质押具有抵抗第三人的效力,除应移转质物的占有外,该动产质押文书还需备有一份定期文件,该文件应载明质押担保的金额及对质物状态的详细说明。前述的定期确定质权人的优先顺位。

第 1118 条　有关占有有体动产及无记名有价证券之效力的规定,适用于动产质押。

尤其是,即使出质人不具有处分质物的能力,诚信质权人仍可行使其质权。同样,诚信占有人即使在设立质押之后取得对质物的权利,亦可主张之。

第 1119 条　用于质押的动产罹受灭失、毁损或贬值之威胁而有不能充分担保债权人的债权之虞时,如出质人未请求回复物之占有并以其他担保替代之,债权人或出质人可申请法官许可他以拍卖或以证券交易所的牌价或以市价出卖质物。

法官在许可出卖时,应决定提存价金。在此等情形下,债权人的权利自质物移转至其价金。

第 1120 条　如出现出卖质物可获得可观的利润的时机,即使质押担保的债权尚未到期,出质人亦可申请法官许可他出卖质物。法官在许可出卖时,应确定出卖的条件并决定提存价金。

第 1121 条　债权未获清偿的质权人可申请法官许可他以拍

卖或①以证券交易所的牌价或以市价出卖质物。

质权人亦可申请法官许可他取得质物的所有权以满足其债权，在此等情形下，质物的价格须经专家估定。

第 1122 条　上述规定仅在不违反商法的有关规定、质押借贷许可经营机构的规定以及有关动产质押的特殊情形的法律和法规的规定的范围内适用。

三、债权质押

第 1123 条　债权质押仅在依第 305 条的规定向债务人作出了通知或经债务人接受时，才对债务人发生效力。

债权质押仅在质权人②占有被出质的债权的凭证的条件下，才对第三人发生效力。质押的优先顺位依上述通知或接受的定期确定。

第 1124 条　记名有价证券及指示有价证券可按照法律规定的特别让与方式设定质押，但应注明让与系以质押的方式为之。此等质押的设定无须通知。

第 1125 条　既不可转让也不可扣押的债权，不可用以设定质押。

第 1126 条　质权人可取得质押设立后到期的被出质的债权的可请求偿付的利息。他还可取得属于此等债权的定期收益。他取得的此等利息和定期受益应首先用来抵充费用，其次是利息，最后是质押担保的主债金额，但以当事人无另外的约定为限。

质权人有义务妥善保管被出质的债权。如质权人有权不需出质人介入收取此等债权产生的任何利益，他应按照此等债权的清

---

①　英译本的原文在"拍卖"之后的是连接词"of"，经英译者更正，改为"or"（或）——译者注。

②　英译本的原文为"出质人"（pledgor），经英译者更正，改为"质权人"（creditor pledgee）——译者注。

第二编　物　权

偿时间和地点收取之,并立即将此等情况通知出质人。

第 1127 条　被出质的债权的债务人可向质权人主张质押担保的债权的效力瑕疵抗辩,亦可提出对自己的债权人享有的抗辩,在让与的情形下,可提出对受让人享有的抗辩。

第 1128 条　如被出质的债权先于质押担保的债权到期,前一债权的债务人仅可向质权人和出质人一并清偿债务。质权人或出质人均可请求该债务人将其清偿的款项提存,质权移转至此等被提存的款项。

质权人和出质人应将前述债务人清偿的款项合作投资,但应以不损害质权人利益又对出质人最有利的方式为之,还应为质权人的利益及时设定新的质押。

第 1129 条　被出质的债权与质押担保的债权均已到期的,如质权人尚未收取其债权,他可从被出质的债权收取其债权,亦可请求出卖该被出质的债权或请求根据第 1121 条第 2 款的规定取得此等债权。

第四题　　优先权

第一章　　一般规定

第 1130 条　优先权是法律根据特定权利的性质为该权利设定的优先地位。

优先权仅可依法律的规定设立。

第 1131 条　优先权的顺位由法律规定。如法律就某优先权未明确规定其顺位,则其顺位在本题规定的各优先权之后。

如无另外的法律规定,同一顺位的优先权按比例获偿。

第 1132 条　一般优先权扩及于债务人所有的动产及不动产,

但特别优先权仅限于特定的动产或不动产。

第 1133 条　优先权对动产的诚信占有人不具有对抗效力。

关于存在于租赁物内的动产,不动产出租人被视为本条规定的占有人;关于旅客寄托于旅店的物品,旅店所有人被视为本条规定的占有人。

如债权人有正当理由认为为其利益设定了优先权的动产将被挥霍浪费,他可申请对该动产进行讼争物寄托。

第 1134 条　在与不动产上的优先权的性质不相抵触的范围内,有关法定抵押的规定,尤其是有关清除、登记、登记及其更新的效力,以及登记的注销的规定,适用于不动产上的优先权。

但一般优先权,即使其客体为不动产,亦不适用公示制度且不产生对后手的追及权。担保负欠国库的款项的不动产优先权无须公布。所有此等优先权的顺位先于其他不动产优先权或任何法定抵押权,其登记日期为何,在所不问。在前述优先权之间,担保负欠国库的款项的优先权优先于一般优先权。

第 1135 条　法定抵押的有关灭失或毁损的规定亦适用于优先权。

第 1136 条　如无另外的法律规定,优先权根据与法定抵押权和质权消灭的同样规定,以同样的方式消灭。

第二章　优先权的类型

第 1137 条　除了特别的规定确立的优先权,以下条文规定的权利具有优先性。

一、动产之一般优先权与特别优先权

第 1138 条　为全体债权人的利益妥善保管及出卖债务人的财产的法律程序产生的费用,对此等财产的价金享有优先权。

此等费用应先于其他任何权利获偿,即使其他任何权利具有优先性或受法定抵押担保,亦同,前述权利包括为其利益而产生前述费用的债权人的债权。出卖债务人的财产产生的费用优先于分配程序产生的费用。

第 1139 条　税、费或负欠国库的任何其他类型的款项,根据就此等事项颁布的法律或命令规定的规则具有优先性。

除法律程序的费用外,此等款项应先于任何其他权利就负担此等优先权的财产强制征纳,此等财产由谁占有,其他权利是否为优先权或是否受法定抵押担保,在所不问。

第 1140 条　妥善保管及修复动产产生的费用就该动产具有优先性。

紧接在法律程序的费用及负欠国库的款项之后,上述费用就负担优先权的动产的价金获偿。在此等费用自身之间,应依其产生日期的相反次序确定顺位。

第 1141 条　下列债权就债务人的全部动产和不动产具有优先性:

1. 负欠服务人员、职员、工人及其他工薪人员的最后 6 个月的任何类型的工资和薪水;

2. 向债务人及受其扶养的人供给的最后 6 个月的食物和衣物的费用;

3. 债务人应支付给其亲属的最后 6 个月的扶养费。

在偿付了法律程序的费用、负欠国库的款项以及财产的保管费用和修复费用之后,应紧接偿付上述费用。在此等费用自身之间,应按其比例获偿。

第 1142 条　用于种子、化肥及其他肥料和除虫的费用,以及用于种植与收获工作的费用,就此等工作作用对象的出产物具有优先性。此等费用的顺位相同。

此等费用紧接在以上条文规定的各权利之后,就前述的出产

物的价金获偿。

同样,有关农具的费用应按照同一顺位对此等农具具有优先权。

第 1143 条　建筑物和农用地 2 年租期的租金和租期少于 2 年的整个租期的租金,以及出租人根据租赁合同享有的任何其他权利,就存在于租赁物的归承租人所有的可扣押的动产和农业出产物享有优先权。

在不违反有关遗失或被盗的动产的规定的条件下,即使前述动产归承租人的妻子或第三人所有,如无法证明出租人在此等动产被放置于租赁物时知道其上存在第三人权利,则仍成立前述的优先权。

如出租人明确禁止转租,则亦可对归次承租人所有的动产和农作物强制执行优先权。如未明确禁止转租,仅就出租人催告次承租人时前者有权从后者处收取的款项强制执行优先权。

此等具有优先性的款项应在以上条文规定的各优先权之后,就负担优先权的财产的价金获偿,但因出租人为诚信占有人前述各优先权对他无效力的除外。

如负担优先权的财产在不顾出租人反对或出租人不知情的情况下被移出租赁物,且留存于租赁物的财产不足以担保优先权,优先权仍存在于此等被移出的财产,但不得损害诚信第三人就此等财产取得的权利。如出租人在规定的期限内对此等被移出的动产和农作物实施追夺扣押,即使损害此等移出,优先权仍继续存在。但此等财产系在公开市场或以公开拍卖或由出售同类商品的商人出卖给诚信买受人的,出租人应向该买受人补偿后者支付的价金。

第 1144 条　旅店所有人因向旅客提供住宿、食物而应收取的费用,以及为旅客利益支出的费用,对旅客带入旅店或其附属设施的物品享有优先权。

如前述物品非为被盗物或遗失物,除非能证明旅店所有人在

第二编　物权

此等物品带入旅店时知道该物品上存在第三人的权利,仍可对之强制执行优先权,即使此等物品非归旅客所有,亦同。在其债权完全获偿前,旅店所有人可拒绝将此等物品移出旅店。如不顾旅店所有人之反对或在他不知情的情况下移出此等物品,优先权仍有效存续于此等移出的物品,但不得损害诚信第三人取得的权利。

旅店所有人的优先权与出租人的优先权顺位相同。如该两项优先权由同一物品负担,发生日期在前的优先权优先,但它不具有对抗另一项优先权效力的除外。

第 1145 条　动产出卖人就其价金及其从权利对出售物享有优先权。如该买卖出售物保持其同一性,优先权对其继续有效,但不得损害诚信第三人取得的权利,同时应遵守有关的商事规定。

此等优先权位于前述动产优先权之后。但如能证明出租人及旅店所有人在财产带入租赁物或旅店时知道该财产已被出卖,此等优先权对出租人或旅店所有人具有对抗效力。

第 1146 条　分割动产的各共有人,为担保对其他共有人享有的追偿权,以及请求补足分割中归他所有的差额的权利,对该动产享有优先权。

共有人的优先权与出卖人的优先权居于相同顺位。如同一不动产同时负担前述两种优先权,发生日期在前的优先权优先。

二、不动产之特别优先权

第 1147 条　不动产出卖人享有的价金及其从权利,对该出卖的不动产享有优先性。

即使上述买卖已登记,此等优先权亦须登记,并以登记的时间确定其顺位。

第 1148 条　负欠受指派建造、重建、修复或维护建筑物或其他建造物的承揽人和建筑师的款项,在前述工作于此等不动产出卖时为它们增加的价值范围内,就此等建造物享有优先权。

此等优先权须登记,并以登记的时间确定其顺位。

第 1149 条　分割不动产的各共有人,为担保对其他共有人享有的任何追偿权,包括请求补足分割中归他所有的差额的权利,对该不动产享有优先权。此等优先权须登记,并以登记的时间确定其顺位。

图书在版编目(CIP)数据

埃及民法典/黄文煌编译. —厦门:厦门大学出版社,2008.3
(外国民法典译丛/徐国栋主编)
ISBN 978-7-5615-2987-4

Ⅰ.埃… Ⅱ.黄… Ⅲ.民法-法典-埃及 Ⅳ.D941.13

中国版本图书馆 CIP 数据核字(2008)第 030740 号

厦门大学出版社出版发行
(地址:厦门大学 邮编:361005)
http://www.xmupress.com
xmup @ public.xm.fj.cn
厦门昕嘉莹印刷有限公司印刷
2008 年 3 月第 1 版 2008 年 3 月第 1 次印刷
开本:889×1194 1/32 印张:7.5 插页:2
字数:188 千字 印数:0001～3000 册
定价:25.00 元
如有印装质量问题请与承印厂调换